LEARN DUTCH WITH BEGINNER STORIES

isbn: 978-1-987949-81-0

Dear Reader and Language Learner!

You're reading the Kindle learner edition of our Bermuda Word pop-up e-books which we sell at learn-to-read-foreign-languages.com. Before you start reading Dutch, please read this explanation of our method.

Since we want you to read Dutch and to learn Dutch, our method consists primarily of word-for-word literal translations, but we add idiomatic English if this helps understanding the sentence. For example:

Hij gaf   haar   een   hand
He   gave   her   a   hand
[He shook her hand]

The HypLern method entails that you re-read the text until you know the high frequency words just by reading, and then mark and learn the low frequency words in your reader or practice them with our brilliant App.

Don't forget to take a look at the e-book App with integrated learning software that we offer at learn-to-read-foreign-languages.com! For more info check the last two pages of this e-book!

Thanks for your patience and enjoy the story and learning Dutch!

Kees van den End

3   Titel & Inhoud

INHOUD
CONTENTS

4   De Kamper Raadslieden

5 De Kamper Raadslieden

DE KAMPER RAADSLIEDEN
THE   FROM KAMPEN COUNCILLORS

Het	was	een	koude	winterdag,	en	bij	de	haard	van
It	was	a	cold	winter's day	and	at	the	fireplace	of

het	stadhuis	zaten	de	Kamper	raadslieden	samen,	heel
the	city hall	sat	the	from Kampen	councillors	together	very

gezellig	na	lange	en	wijze	debatten	over	diverse
cosily	after	long	and	wise	debates	about	various

resoluties,	welke	over	de	burgers	zouden	worden
resolutions	which	over	the	citizens	would	be

uitgestort.	Men	durfde	eigenlijk	niet	goed	naar	huis	te
poured out	One (They)	dared	actually	not	well	towards	home	to

gaan:	want	de	gure	Oostenwind	had	zelfs	voor	de
go	because	the	severe	Eastwind	had	even	for	the

raadsleden	geen	genade,	en	men	besloot	nog	wat	te
councillors	no	mercy	and	they	decided	still [some]	some more]	to

redeneren	over	van	alles	en	nog	wat.
reason	about	of	all	and	still	some

6 De Kamper Raadslieden

"Wat **een** **storm!"** **rilde** **een** **van** **de** **raadsheren.** **"Het**
What a storm shivered one of the councillors It
(said shivering)

heeft **vannacht** **harder** **gevroren** **dan** **ik** **ooit** **heb**
has last night more hard frozen than I ever have

meegemaakt, **en** **de** **tante** **van** **mijn** **vrouw** **zegt,** **dat** **het**
experienced and the aunt of my wife says that it

de **strengste** **winter** **is,** **die** **ze** **ooit** **heeft** **meegemaakt.**
the most severe winter is that she ever has experienced

En **dat** **wil** **wat** **zeggen,** **want** **ze** **wordt** **met** **het**
And that wants something say because she becomes at the
(wil zeggen; means)

voorjaar **zevenennegentig** **jaar."**
spring ninetyseven year
(years)

"Hu," **riep** **de** **burgemeester.** **"Laten** **we** **de** **bode** **roepen,**
Hu called the mayor Let us the servant call

om **hem** **nog** **wat** **houtblokken** **op** **de** **haard** **te** **laten**
in order to him still some logs on the fireplace to let
(in)

leggen."
put

De **bode** **werd** **geroepen.**
The servant became called

7 De Kamper Raadslieden

Hij	kwam,	en	groette	de	edelachtbare	heren	met	een
He	arrived	and	greeted	the	honorable	gentlemen	with	a

zeer	diepe	buiging,	waaraan	niemand	enige	aandacht
very	deep	bow	to which	no one	any	attention

schonk.	Met	een	stem	echter,	alsof	hij	een	veldheer
gave (paid)	With	a	voice	however	as if	he	a	field marshall

was,	die	bevel	geeft	een	lang	belegerde	vesting	te
was	who	order	gives	a	long	besieged	fort	to

bestormen,	riep	de	burgemeester:
storm	called	the	mayor

"Wij	hebben	het	koud.	Leg	blokken	op	de	haard."
We	have (are)	it ()	cold	Put	logs	on	the	fire

Toen	de	blokken	gebracht	waren,	en	naar	wens	op	de
As	the	logs	brought	were	and	to	wish	on	the

vlammen	waren	gelegd,	om	hun	vonnis	te	ondergaan,
flames	were	laid	in order to	their	judgement	to	undergo

schikten	de	wijze	raadslieden	zich	nog	dichterbij	het	vuur
accomodated	the	wise	councillors	themselves	even	closer to	the	fire

dan	tot	dusver.
than	until	so far

8 De Kamper Raadslieden

De — zegenrijke — hitte — vleide — zich — behaaglijk — over — het
The — blessful — heat — laid down — herself — agreeably — over — the

kippevel — van — hun — armen, — en — de — handen, — die — wit — van
chickenskin (goosebumps) — of — their — arms — and — the — hands — that — white — of

de — kou — waren, — werden — nu — rood — geroosterd.
the — cold — were — became — now — red — roasted

"Het — is — hier — beter — dan — buiten," — zei — de — burgemeester, — en
It — is — here — better — than — outside — said — the — mayor — and

hij — schoof — nog — wat — dichter — naar — voren, — in — de — rug
he — moved — still — a bit — closer — to — the front — in — the — back

gevolgd — door — zijn — raadsheren.
followed — by — his — councillors

"Dat — is — een — waar — woord," — antwoordde — het — oudste — raadslid.
That — is — a — true — word — answered — the — oldest — councillor

"Dat — zou — ik — denken," — voegde — het — jongste — er — aan — toe.
That — would — I — think — added — the — youngest — to it

9 De Kamper Raadslieden

De **burgemeester** **dacht** **een** **ogenblik** **na.** **Eindelijk** **sprak**
The mayor thought an instant after Finally spoke

hij:
he

"Buiten **gaat** **je** **de** **wind** **door** **merg** **en** **been."**
Outside goes you the wind through marrow and bone

Het **oudste** **raadslid** **zuchtte:**
The oldest councillor sighed

"Als **het** **maar** **weer** **voorjaar** **wordt,"** **en** **zijn** **buurman**
As long as it but again spring becomes and his neighbor

peinsde **luid:**
thought aloud

"Hier **zitten** **we** **gelukkig** **goed."**
Here sit we fortunately well

De **burgemeester** **zette** **zijn** **zetel** **weer** **iets** **verder** **richting**
The mayor put his seat again a bit further direction
(towards)

de **vlammen,** **en** **de** **wijze** **raadslieden** **drongen** **met** **hem**
the flames and the wise councillors thronged with him

een **half** **metertje** **op.**
a half little meter onwards

10 De Kamper Raadslieden

De **burgemeester** **merkte** **op:**
The mayor remarked

"Over **een** **bevroren** **rivier** **kunnen** **de** **schepen** **ook** **niet**
Over a frozen river can the ships also not

varen."
sail

Het **oudste** **raadslid** **was** **het** **met** **hem** **eens:**
The oldest councillor was it with him agreeing

"Sinds **de** **rivier** **dicht** **is,** **komen** **er** **inderdaad** **geen**
Since the river closed is come there indeed no

schepen **meer** **aan."**
ships anymore by

En **het** **jongste,** **de** **optimist** **van** **het** **gezelschap,** **troostte:**
And the youngest the optimist of the company consoled

"In **de** **zomer** **zal** **de** **rivier** **wel** **weer** **open** **zijn."**
In the summer will the river probably again open be

12 De Kamper Raadslieden

Plotseling zwegen ze allemaal, en keken elkaar verschrikt
Suddenly kept silent they all and looked eachother scared

aan. Ze roken een brandlucht. De bode werd geroepen,
at They smelled a smell of fire The servant became called

en de burgemeester vroeg:
and the mayor asked

"Is er een brand hier in de buurt?"
Is there a fire here in the vicinity

"Nee," zei de bode, "maar met toestemming van de
No said the servant but with consent of the

edele heren is de broek van de burgemeester
honorable gentlemen are the pants of the mayor

aan het smeulen."
smoldering

Nadat de burgemeester verschrikt enige afstand tot de
After the mayor scared some distance to the

haard had genomen, zei hij, "Het is goed, we zullen
fireplace had taken said he It is good we will

hierover beraadslagen."
over this deliberate

13 De Kamper Raadslieden

Lange tijd dacht men over het geval na. Het was niet
(Long time thought they about the case after. It was not)

netjes dat het vuur zo brutaal was om de broek van
(decent that the fire so insolent was to the pants of)

de Kampense magistraat aan te tasten. Maar hoe kon
(the Kampen magistrate damage. But how could)

men dit verhelpen? Niemand durfde een woord te
(they this repair? No one dared a word to)

spreken, totdat de burgemeester zijn oordeel had gevonden.
(speak, until the mayor his judgement had found.)

"Edele heren van de raad van deze stad," sprak hij
(Honorable gentlemen of the council of this city," spoke he)

eindelijk, "de zaak is van bijzonder belang. Ik, uw
(finally, "the case is of special importance. I, your)

burgemeester, ken slechts één middel, om het kwaad te
(mayor, know only one solution, for to the evil to)

verhelpen."
(help out (remove))

14 De Kamper Raadslieden

Met spanning wachtte en luisterde men.
With tension waited and listened they

"Edele heren van de gemeenteraad van deze stad! De
Honorable gentlemen of the council of this city The

schoorsteen moet naar achteren worden gebouwd. Wanneer
chimney must to the back become build When

dit is geschied, zullen wij voortaan geen last meer
this is happened shall we henceforth no bother anymore

hebben van de vlammen."
have of the flames

En dat werd met veel bijval door de raad besloten.
And that became with much acclaim by the council decided

15 De Kamper Raadslieden

DE VERBORGEN SCHAT
THE HIDDEN TREASURE

Dichtbij Echt, in het Limburgse land, is een grote schat
Close to Echt in the Limburg country is a large treasure

verborgen, en wie hem vindt, verlost de vrouw zonder
hidden and who him finds releases the woman without
(it)

hoofd van haar plicht, om tussen hemel en aarde te
head of her duty of between sky and earth to

moeten blijven zwerven. In het vroege voorjaar, als de
have to remain roaming In the early spring when the

jonge bladeren nog knopjes zijn, en de lucht met een
young leaves still buds are and the air with a

koud lichtblauw gekleurd, en het zonlicht nog zwak over
cold pale blue coloured and the sunlight still weak over

de velden straalt, lag bij de ruïne van het Oude Slot
the fields radiates lay by the ruins of the Old Castle

een boerenjongen te slapen. Wellicht, wie zal het
a farmer boy to sleep Possibly who shall it

zeggen, had hem het bier uit Susteren te goed
say had him the beer from Susteren too well

gesmaakt, en hij versliep de eerste lentedag.
tasted and he slept away the first spring day

18 De Verborgen Schat

De	waterige	zon	vluchtte,	zodra	de	avond	kwam,	heel
The	watery	sun	fled	as soon as	the	evening	came	very

snel,	en	een	gure	wind	verdrong	meedogenloos	alles,
rapidly	and	a	severe	wind	repressed	relentlessly	everything

wat	er	nog	restte	van	de	onvolkomen,	prille	lentewarmte.
that	there	still	remained	of	the	imperfect	early	spring warmth

Drikus,	de	boerenjongen,	bleef	snurken,	ondanks	de	milde
Drikus	the	farmer boy	remained	snoring	in spite of	the	mild

warmte,	en	daarna	de	barre	kou,	ja,	hij	werd	zelfs	niet
warmth	and	afterwards	the	severe	cold	yes	he	became	even	not

wakker,	toen	er	drie	eikels	op	zijn	neus	vielen.
awake	when	there	three	acorns	on	his	nose	fell

Toch	had	hij	bewustzijn	genoeg	-	een	ondeelbaar	deel
nevertheless	had	he	conscience	enough		an	indivisible	part

van	een	seconde	-	om	zich	te	verbazen,	dat	er	eikels
of	a	second		for	himself	to	amaze	that	there	acorns

waren	in	de	vroege	lente,	een	tijd,	die	meer	is
were	in	the	early	spring	a	time	that	more	is

aangewezen	op	het	bloesemen,	dan	wel	op	het	rijpen
designated	on (for)	the	blossoming	then	also	on (of)	the	ripening

van	de	vrucht.
of	the	fruit

19   De Verborgen Schat

Het bleef echter slechts bij deze wezenloze verwondering,
It remained however only with this mindless amazement

en het snurken ging bijna geheel onverbroken verder,
and the snoring went almost totally unbroken on

zonder dat hij lette op de tijd, die verging, en op de
without that he paid attention on the time that went by and on the

plaats, waar hij neerlag...
place where he laid down

Het was beter geweest, dat hij erover had nagedacht:
It was better been that he about it had reflected
   (had)

want middernacht naderde, en op deze plek spookt de
because midnight approached and on this spot haunts the

vrouw zonder hoofd, die de bewoners van Echt wraak
woman without head that the occupants of Echt revenge

heeft gezworen.
has sworn

Eeuwen geleden is ze door de burgers van die stad
Centuries past is she by the citizens of that town
   (was)

aangevallen, en zonder absolutie gestorven.
attacked and without absolution died

Wee hem, die haar op woensdag of vrijdag ontmoet!
Woe him who her on Wednesday or Friday met

Gelukkig was het een dinsdag, dat Drikus bij de ruïne
Fortunately was it a tuesday that Drikus at the ruins

lag te slapen.
lay to sleep

Nauwelijks was de klok van middernacht uitgeslagen, of
Hardly was the bell of midnight struck out when

hij ontwaakte door een vreemde hitte, dichtbij hem.
he awoke because of a strange heat close to him

Hij richtte zich op, en wreef zijn ogen uit.
He raised himself up and rubbed his eyes out

"Wat is dat?" vroeg hij bevend.
What is that asked he trembling

Wat betekende dat?
What meant that

Een — A
blauwe — blue
vlam — flame
spartelde — writhed
en — and
sprankelde, — sparkled
en — and
ineens — all of a sudden

rammelde — rattled
een — a
ketel — kettle
door — through
de — the
lucht, — air
welke — which
haast je rep je — haste yourself hurry yourself (quickly)

op — on
het — the
vuur — fire
aanvloog, — flew towards
en — and
daar — there
juist — precisely
boven — above
bleef — remained

hangen. — hang
Daar — There
begon — started
het — it
in — in
de — the
ketel — kettle
te — to
borrelen — boil
en — and
te — to

pruttelen — simmer
en — and
te — to
sissen — sizzle
en — and
te — to
zieden, — fume
en — and
de — the
damp — mist

kwam — came
eraf, — off it
niet — not
aangenaam — agreeably
ruikend — smelling
als — as
wanneer — when
tante — aunt

Trees — Trees
pannekoeken — pancakes
bakte, — baked
doch — yet
het — it
stonk — stank
zonder — without
genade. — mercy

"Hatsjie!" — Hatsjie
nieste — sneezed
Drikus. — Drikus
"Hatsjie! — Hatsjie
Hatsjie!" — Hatsjie
Boven — Above
ergens — somewhere
in — in

de — the
donkere — dark
wolken — clouds
aan — in
de — the
hemel — sky
begon — started
het — it
te — to

rommelen — rumble
en — and
donderen. — thunder

22 De Verborgen Schat

De wilde wind woei en teisterde de takken van de
The wild wind blew and scourged the branches of the

bomen. Drikus durfde niet omhoog te kijken, en toch
trees Drikus dared not up to look and still

kon hij er niets aan doen, dat zijn nekspieren zich
could he there () nothing for (against) do that his neck muscles itself

kromden en hij zijn hoofd ophief.
bent and he his head raised

O gruwel! Aan de hemel reed een gloeiende koets,
O horror In the sky drove a glowing coach

getrokken door twee zwarte bokken met knoestige hoorns
drawn by two black goats with gnarled horns

en in hun razende vlucht klapwiekten de vleermuisvleugels,
and in their raging flight flapped the bat wings

die uit de flanken van de spookdieren schoten. In de
that from the flanks of the phantom animals shot In the

wagen zat een dame in witte mantel.
cart sat a lady in white mantle

Drikus had nog net de tijd, om zich achter een struik
Drikus had only just the time to himself behind a shrub

te verstoppen.
to hide

De · The
vrouw · woman
zonder · without
hoofd · head
was · was
al · already
uitgestapt, · stepped out
en · and
liep · walked

langzaam · slowly
naar · to
de · the
ketel · kettle
toe. · towards
Zij · She
nam · took
er · there
het · the
deksel · lid
af, · off

maar · but
eensklaps · in one stroke (suddenly)
wendde · turned
zij · she
zich · herself
om, · around
en · and
liep · walked
tot · to
Drikus' · Drikus

schrik · fright
recht · straight
naar · towards
de · the
struik. · shrub
Ze · She
wierp · threw
het · the
witte · white
gewaad · dress

van · of
zich, · herself
en · and
zo · this way
zag · saw
de · the
jongen · boy
haar · her
bloedrood · bloodred
lichaam, · body

dat · that
eindigde · finished
in · in
de · the
afgesneden · cut off
strot. · throat
Bloed · Blood
droop · dripped
in · in

lange · long
druppels · drops
van · from
haar · her
keel · throat
naar · down
beneden, · en · and
bloed · blood

droop · dripped
van · from
haar · her
neerhangende · hanging down
linkerhand, · left hand
en · and
bloed · blood
droop · dripped

van · from
het · the
hoofd, · head
dat · that
zij · she
in · in
de · the
rechter · right
hield. · held
Bloed · Blood

mengde · mixed
zich · itself
met · with
bloed, · blood
het · it
daalde · descended
naar · to
de · the
aarde, · ground
en · and

scheen · seemed
weer · again
het · the
rode · red
lichaam · body
op · up
te · to
kruipen, · crawl
als · as (after)
het · it

gevallen · fallen
was. · was

25 De Verborgen Schat

Ze was een fontein van bloed, en niets ging er
She was a fountain of blood and nothing went there

verloren, het keerde tot de bron weer, waaruit het voor
lost it turned to the source back from which it for

een tweede maal, een derde maal, en een duizendste
a second time a third time and a thousandth

maal weer wegvloeide.
time again flowed away

De ongelukkige boerenjongen wendde zijn blik van haar
The unfortunate farmboy turned his gaze from her

naar de ketel, die op het blauwe vuur stond, en
to the kettle that on the blue fire stood and

waarvan de stank een angstwekkend geheim verborg.
from which the stench a frightening secret hid

"Mensenhoofden," sprak haar hoofd in haar rechterhand.
Human heads spoke her head in her right hand

"Ik braad mensenhoofden uit Echt."
I roast human heads from Echt

In de ketel lag het vlees rood te roosteren, de ogen
In the kettle lay the flesh red to roast the eyes

van de doden (melkwit opgezet met in het midden de
of the dead milk white set up with in the middle the

zielloos zwarte pupil) staarden onafgewend naar de
soulless black pupils stared fixedly to the

jongeman, die met afschuw zag, hoe langzaam het vuur
young person who with abomination saw how slowly the fire

de ogen naderde... "Stil!" beval de juffrouw zonder hoofd,
the eyes approached Quiet ordered the young lady without head

"en luister naar mij."
and listen to me

Bevend stond Drikus voor haar.
Trembling stood Drikus before her

"Het was in oorlogstijd, dat ik gedood werd, maar vóór
It was in war time that I killed became but before
(was)

dat men mij greep heb ik mijn goud en mijn juwelen
that they me seized have I my gold and my jewels

in drie kisten geborgen, en ze onder de aarde
in three chests stored and them under the ground

begraven, hier op deze plek."
buried here at this spot

27 De Verborgen Schat

"Neem dit jonge berkenstekje en plant het, zodat je niet
Take · this · young · birch yearling · and · plant · it · so that · you · not

zal vergeten, waar het is! Het is ook voor mij van
shall · forget · where · it · is · It · is · also · for · me · of

belang..."
importance

"Want ik moet blijven zwerven, zolang de schat nog
Because · I · must · remain · roam · as long as · the · treasure · still

niet door mensenhanden op een dinsdag is opgedolven.
not · by · human hands · on · a · tuesday · is · dug up (has been)

"Hoe moet u graven? Met een nieuwe schop. Hoe diep
How · must · you · dig · With · a · new · shovel · How · deep

moet u graven? Zeven, zeven, zeven voeten. Wat moet
must · you · dig · Seven · seven · seven · feet · What · must

u zeggen? Geen woord, geen woord.... Neem een helper
you · say · No · word · no · word · Take · an · assistant

mee. Doet u iets fout, dan zal het goud voor altijd in
along · Do · you · anything · wrong · then · shall · the · gold · for · always · in

de diepte verdwijnen! "
the · depth · disappear

"Één   kist,   één   kist,
One   chest   one   chest

Is   voor   de   armen,
Is   for   the   poor

De   tweede   geef   de   kerk
The   second   give   the   church

Uit   uw   erbarmen
Out of   your   mercy

Met   de   derde   mag   je
With   the   third   may   you
                       (can)

jezelf   verwarmen..."
yourself   warm up

"Verwarmen..."   klonk   het   nog   ijzig   na,   en   daarmee
Warm up   sounded   it   still   icily   (after)   and   with that

verdween   ze,   en   Drikus   bleef   alleen   achter,   zich   achter
disappeared   she   and   Drikus   remained   alone   behind   himself   behind

de   oren   krabbende.   Hij   liep   zo   snel   hij   kon   naar   Echt,
the   ears   scratching   He   ran   as   rapid   he   could   to   Echt

om   een   vriend   te   zoeken,   die   hem   de   volgende   dinsdag
for   a   friend   to   search   which   him   the   next   tuesday
                              (find)

zou   willen   helpen,   en   wie   was   daar   beter   geschikt   voor
would   want   to help   and   who   was   there   better   fit   for

dan   Hannes,   de   broer   van   zijn   vrouw?
than   Hannes   the   brother   of   his   wife

Hij legde hem de zaak uit en zei tegen hem:
He laid him the case out and said against him
    (uitleggen; explain)   (uitleggen; explain)

"Je mag geen woord zeggen," en Hannes antwoordde:
You may no word say and Hannes answered

"Natuurlijk niet."
Of course not

De uren gaan maar langzaam voorbij, wanneer je aan
The hours go only slowly past when you at (in)

het wachten bent.
the waiting are

Het zonlicht weigert te verschijnen na de lange nacht
The sunlight refuses to appear after the long night

en als de zon eindelijk opkomt, op het allerlaatste
and when the sun at last rises on the very last

ogenblik, dan klimt hij zijn vaste baan aan de hemel
moment then climbs he his set trajectory on the sky
                  (it) (its)   (in)

traag.
slowly

En **als** **de** **zon** **er** **eenmaal** **hoog** **aan** **de** **hemel** **staat,**
And   when   the   sun   there   once   high   in   the   sky   stands

duurt **het** **weer** **een** **eeuwigheid** **voor** **zij** **verdwenen** **is**
lasts   it   again   a   perpetuity   before   she   disappeared   is
(it)

en **de** **volgende** **lange** **nacht** **weer** **terugkomt.**
and   the   next   long   night   again   returns

Drikus **en** **Hannes** **wachtten** **ongeduldig,** **en** **uiteindelijk**
Drikus   and   Hannes   waited   impatiently   and   eventually

werd **hun** **ongeduld** **beloond.** **De** **dinsdag** **kwam,** **en** **de**
became   their   impatience   rewarded   The   Tuesday   came   and   the

twee **vrienden** **begaven** **zich** **samen** **op** **weg,** **de** **lippen**
two   friends   gave   themselves   together   on   (the) way   the   lips

op **elkaar** **geklemd,** **om** **zich** **alvast** **te** **oefenen** **in** **het**
on   each other   clasped   for   themselves   already in advance   to   practice   in   the

zwijgen. **Ze** **droegen** **fonkelnieuwe** **schoppen** **op** **de** **rug,**
keeping silent   They   carried   brand new   shovels   on   the   back

en **ze** **voelden** **zich** **gelukkig** **als** **mensen,** **die** **in** **de**
and   they   felt   themselves   fortunate   as   people   who   in   the

toekomst **hun** **vertrouwen** **stellen.**
future   their   trust   put

31 De Verborgen Schat

Ze vonden al snel het berkenplantje, en Drikus trok het
They found already quickly the birch yearling and Drikus pulled it

uit de grond.
from the ground

Ijverig begonnen ze te graven in de zachte aarde.
started they to dig in the soft earth

"Zeven, zeven, zeven voeten," zong het in Drikus' ziel.
Seven seven seven feet sang it in Drikus soul

Hij was er zeker van, dat hij de schat zou bereiken,
He was there certainly of that he the treasure would reach
(it)

en op een gegeven moment hoorden ze, dat de
and on a given moment heard they that the
(certain)

schoppen tegen een kist stuitten.
shovels against a chest stopped
(thrusted)

Hannes sprong van vreugde in de hoogte. "Drikus! Daar
Hannes jumped of joy in the altitude Drikus There

zit die heks," schreeuwde hij.
sits that witch shouted he

Rinkelderinkel! **De** **geldstukken** **hadden** **haast,** **om** **weg** **te**
Tinkletinkle   The   money pieces   had haste (were in a hurry)   for   away   to

komen, **diep,** **diep,** **dieper** **in** **de** **grond,** **al** **maar**
come (get)   deep   deep   deeper   into   the   earth   all (the time)   only

zinkende, **zo** **ver** **weg** **tenslotte,** **dat** **het** **gerinkel** **niet**
sinking   so   far   away   finally   that   the   tinkling   not

meer **te** **horen** **was.**
anymore   to   hear   was

En **daarom** **spookt** **de** **vrouw** **zonder** **hoofd** **nog** **altijd** **bij**
And   for this reason   haunts   the   woman   without   head   still   always   at

Echt; **er** **is** **geen** **mogelijkheid,** **dat** **ze** **ooit** **verlost** **zal**
Echt   there   is   no   possibility   that   she   ever   released   shall

worden.
become

33 De Verborgen Schat

DE WEERTER ROGSTEKERS
THE   FROM WEERT   RAYCUTTERS

In de dagen van weleer, toen Weert Weert nog niet
In the days from earlier when Weert Weert still not

was, woonden er in het stadje in het noorden van
was lived there in the little town in the north of

Limburg al veel dappere mensen, die graag wilden laten
Limburg already many brave people who eagerly wanted let

zien, wat ze allemaal konden. Zij lieten hun spierballen
see what they all could do They let their muscles

rollen, en zij schudden hun wapens, alsof ze de vijand
roll and they shake their weapons as if they the enemy

tegemoet gingen: maar helaas! De vijand bleef weg, en
in advance go but alas! The enemy kept away and

de Weertenaren moesten hun moed voorlopig in de pekel
the people from Weert must their courage temporarily in the salt

zetten.
put

Op een dag reed er door het stadje een viskoopman,
On one day drove there through the little town a fish merchant

die de goede burgers eindelijk tot de befaamde helden
who the good citizens finally as the famous heroes

zou maken, over wie nog in heel Limburg en Noord-
would make over whom in the whole Limburg and North

Brabant met stille eerbied wordt gesproken.
Brabant with silent respect is being spoken

De viskoopman had een rog op zijn wagen, die zonder
The fish merchant had a ray on his car that without

dat hij het merkte, van zijn kar viel en op het zand
that he it noticed of his cart fell and on the sand

van de straat bleef liggen. Hij reed door met zijn kar,
of the street kept lying He drove on with his cart

en de Weertenaren bleven met het monster alleen. Ze
and the people from Weert remained with the monster alone They

wisten niet, wat het was, en schoorvoetend kwamen ze,
knew not what it was and carefully came they

de hoofden vooruit, dichterbij.
the heads advanced closer

37 De Weerter Rogstekers

Opeens sprong het beest hoog in de lucht, en met
Suddenly jumped the beast high in the air and with

geweld sloeg het monster daarna, omdat zijn krachten
force struck the monster then because his forces

hem verlieten, door de zwaartekracht weer naar beneden.
him left by the gravity again to down

Een wilde, wanordelijke vlucht van de aanvallers volgde,
A wild chaotic flight of the attackers followed

en de rog had zich dus succesvol tegen de eerste
and the ray had itself so successfully to the first

aanval van de helden verdedigd.
offensive of the heroes defended

Een van de Weertenaren ging op het dak zitten, en
One of the people from Weert went on the roof to sit and

keek vandaar naar het gruwelijke ondier. Een ander klom
looked from there at the horrible monster An other climbed

in een boom, en begon het met stenen te bombarderen.
in a tree and began it with stones to bombard

Men zou het duivelsgebroed, dat in het rustige stadje
One should the devils breed that in the quiet little town

uit de lucht was komen vallen, wel klein krijgen!
from the air was come falling well small get
(had) (down) (bring)

Gillende vrouwen hielden onderwijl hun mannen bij de
Screaming women kept during that time their husbands by the

jas. Kinderen huilden van angst, en iedereen was klaar,
coat Children cried of fear and everyone was ready

om nog verder weg te lopen, als de rog weer een
in order to even further away to run if the ray again one

van zijn slagen zou maken.
of his hits would make

Gelukkig bedacht een burger, dat men in Weert nog
Fortunately thought a citizen that one in Weert still

een schout had. Maar waar was de schout? Als er
a sheriff had But where was the sheriff If there

niets gebeurde, zag men hem met strenge passen en
nothing happened saw one him with severe paces and

met vervaarlijke rimpels in zijn voorhoofd over straat gaan.
with severe · furrows in his forehead over (the) street go

39 De Weerter Rogstekers

Dan keek hij naar elk onschuldig varken, dat in de
Then looked he at every innocent pig that in the

grond wroette, alsof het dier een berucht rover was, die
soil grubbed as if the animal an infamous robber was who

onschadelijk gemaakt moest worden, en zo nu en dan
harmless made had to be and so now and then

bleef hij plechtig staan, of hij de goede burgerij
kept he solemnly stand as if he the good citizenry

verzekeren wilde: "Zolang ik schout ben, zal er in Weert
ascertain wanted So long I sheriff am will there in Weert

niets ergs gebeuren." Aan de andere kant, als er
nothing bad happen On the other side if there

werkelijk eens wat gebeurde, dan waren de schout en
truly once something happened then were the sheriff and

zijn rakkers nergens te vinden. Men klopte tevergeefs
his policemen nowhere to find One knocked in vain

aan hun deuren. Ze waren spoorloos verdwenen, totdat
at their doors They were without a trace disappeared until

zij weer zonder gevaar konden naderen, en de
they again without danger could come closer and the

delinquent door de burgers zelf gevangen was genomen.
criminal by the citizens themselves caught was taken

Dan klonken hun krijgshaftige passen snel dichter en
Then sounded their heroic paces quickly closer and

dichterbij.
closer

Hun ogen waren klein en stekelig. Hun wenkbrauwen
Their eyes were small and bushy Their eyebrows

borsteliger dan ooit, en hun wapens rinkelden onder het
bushier than ever and their weapons clanking under the

gaan.
going

Als ze de misdadiger naar de cel sleepten, deden ze
As they the criminal to the cell towed did they

dit naar de eisen van de hoogste kunst.
this to the demands of the highest art

Ook op het ogenblik, dat de rog een vervaarlijke salto
Also on the moment that the ray a frightening salto

mortale had gemaakt, was de schout niet aanwezig,
mortale had made was the sheriff not present

maar de vrouw van de smid betrapte hem net op het
but the wife from the smith caught him just on the

moment dat hij zich wilde verstoppen.
moment that he himself wanted to hide

Zij	jubelde:	"De	schout!	de	schout!"	en	ze	trok	hem
She	sang	The	sheriff	the	sheriff	and	she	pulled	him

naar	voren.
to	(the) front

Wat	moest	hij	beginnen,	de	arme	kerel?	Hij	voelde	de
What	must (could)	he	begin	the	poor	guy	He	felt	the

verantwoordelijkheid	van	zijn	functie,	hij	kuchte	met	een
responsibility	of	his	function	he	coughed	with	a

moed,	die	iedereen	vertrouwen	gaf,	en	hij	stapte	naar
courage	that	everyone	faith	gave	and	he	stepped	to

voren,	teneinde	een	toespraak	tot	de	mannen	van	Weert
the front	for to	a	speech	to	the	men	from	Weert

te	houden,	net	als	helaas	zo	vele	veldheren,	die	zeer
to	hold	just	like	alas	so	many	field marshalls	who	very

goed	hun	troepen	moed	kunnen	inspreken,	maar	die	zelf
well	their	troops	courage	can	talk in	but	who	themselves

op	de	achtergrond	wensen	te	blijven,	waar	het	gevaar
on	the	background	wish	to	remain	where	the	danger

ze	niet	bereiken	kan.
them	not	reach	can

"Burgers!"   sprak   hij,   "de   eer   van   onze   goede   vaderstad
Citizens   spoke   he   the   honor   of   our   good   fathers town

eist,   ja   eist,   dat   wij   die   draak   daar   verslaan.   U   hebt
demands yes demands that   we   the   dragon   there   defeat   You have

allemaal   wel   eens   van   Sint   Joris   gehoord."
all   well   once   of   Saint   Joris   heard

De   rog   sprong   in   de   hoogte,   en   alle   Weertenaren,
The   ray   jumped   in   the   height   and   all   people from Weert
                                    (air)

inclusief   de   schout,   maakten   dat   ze   weg   kwamen.   Op
including   the   sheriff   made   that   they away   came   At

een   afstand   zette   de   schout   zijn   rede   voort.   "Wat   ik
a   distance   set   the   sheriff   his   speech forth   What   I

wilde   zeggen,   als   men   oprukt   voor   het   algemeen   belang,
wanted   to say   if   one   advances for   the   general   interest

dan   dient   men   niet   alleen   te   beschikken   over   de
then   serves   one   not   only   to   possess   (on)   the

Weertse   moed,   maar   ook   over   Weertse   trouw   en   Weerts
Weert   courage but   also   (on)   Weert   faith   and   Weert

beleid."
caution

43 De Weerter Rogstekers

"Als de vijand binnen onze poorten is, kunnen wij hem
When the enemy within out gates is can we him

niet tegemoet gaan in wanorde, zoals ik net uit mijn
not in front go in disorder as I just from my

hinderlaag heb ontdekt."
ambush have discovered

"Nee! Burgers of leeuwen, wij moeten ons in vaste rijen
No Citizens or lions we must ourselves in tight rows

scharen, en, zonder te wijken, ineens op de belager,
gather and without to give way suddenly at the attacker

die wreedheid aan lafheid paart, afstormen."
who cruelty to cowardice couples storm

"Zeker kunt u hierbij uw leven verliezen, maar weet dat
Surely can you with this your life lose but know that

er voor een burger niets mooier is dan voor het
there for a citizen nothing more beautiful is then for the

vaderland te sterven."
fatherland to die

"Daarginder ligt het vaalzwarte monster, zijn ogen loeren
There lies the mat black monster his eyes peek

naar ons, en hij heeft de bek open, om ons allemaal
at us and he has the jaws opened to us all

tegelijk te verslinden. Op voor Weert! Uw wapens vooruit,
at once to devour Onwards for Weert Your weapons in front

zoals zij in uw handen zijn, spiesen en lansen en
like they in your hands are spears and lances and

messen en mestvorken en schoppen, en dan allemaal
knives and pitch forks and shovels and then all

tegelijk voorwaarts. Een, twee, drie."
at once advance One two three

En daar marcheerden de Weertenaren naar voren, slechts
And there marched the people from Weert to the front only

gehinderd door de vrouwen en verloofden, die hen
hindered by the women and betrothed who them

probeerden tegen te houden bij schouder of been, en die
tried to hold back by (the) shoulder or leg and who

zich desnoods mee lieten sleuren, om hun man maar
themselves even along let drag so that their husband just

niet de eerste te doen zijn.
not the first to do be

45 De Weerter Rogstekers

De schout had geen ega nodig: hij bleef vanzelf wel
The sheriff had no wife necessary he remained automatically well

achter, teneinde op een afstand de strategische kansen
behind for on a distance the strategic chances

van voor- en tegenpartij te wikken en te wegen; boze
of allied and opposing party to weigh and to weigh evil

tongen willen wel eens beweren, dat hij zich graag in
tongues want well once claim that he himself eagerly in

zijn hinderlaag had teruggetrokken. Hoe dit ook zij, zijn
his ambush had withdrawn How this also be his

zware stem gaf de anderen dapperheid genoeg, totdat de
strong voice gave the others courage enough until the

rog, misschien zelf verschrikt door al het kabaal, zich
ray maybe himself scared by all the noise himself

met zijn laatste kracht in de hoogte hief, en de
with his last force in the height raised and the
(air)

burgers, losgelaten door hun vrouwen, dezelfde weg terug
citizens let go by their women the same way back

renden, die ze met zoveel voorzichtigheid heen hadden
ran that they with so much care this way had

afgelegd.
laid off
(gone)

De schout schudde het hoofd, toen zij zich weer om
The sheriff shook the head, when they themselves again around

hem heen verzamelden. "Mannen van Weert!" zei hij, "u
him around gathered Men from Weert said he you

zult het me niet kwalijk nemen, wanneer ik verklaar, dat
shall it from me not bad take when I declare that

ik meer van u had verwacht! Leer van mij, dat
I more from you had expected Learn of me that

iedereen wel zeggen kan: 'Ik heb moed.' Maar moed,
everyone well say can I have courage But courage

burgers van Weert, is moed, die men toont."
citizens of Weert is courage that one shows

Dit waren allen met hem eens, en de schout ging
This were all with him agreeing and the sheriff went

voort. "Ik geef toe, dat de overmacht te groot is, om
on I admit that the superiority too big is for

met goed gevolg te worden bestreden, en daarom is
with good consequence to become battled and therefore is (are)

versterking van onze troepen een gebiedende eis."
reinforcements of our troops a commanding demand

47 De Weerter Rogstekers

"Laat ons dus de klokken luiden, teneinde onze trouwe
Let us thus the bells ring for our faithful

bondgenoten in de omtrek te verwittigen, dat er groot
allies in the surroundings to warn that there great

gevaar is in Weert, en laten we ons zolang hier op
danger is in Weert and let we ourselves for that time here at

de achtergrond houden."
the background keep

"Wanneer de vijand ondertussen mocht naderen, kunnen
When the enemy meanwhile would come closer can

wij nog de wijk nemen, want het is geen gebrek aan
we still (the) quarter take (give) because there is no shortcoming of

moed, burgers van Weert, als men vlucht, om later een
courage citizens of Weert if one flees in order to later an

aanval des te beter te laten slagen."
offensive even better to let succeed

De klokken werden geluid, verkondigend, wijd-uit, dat de
The bells became (were) sounded proclaiming wide out that the

burgers in groot gevaar verkeerden;
citizens in grave danger were

48   De Weerter Rogstekers

de boeren daarbuiten hoorden het, en ze maakten zich
the farmers out there heard it and they made themselves

op, om te helpen, zoals het goede buren betaamt. Ze
up for to help like it good neighbors fits They
(ready)

kwamen aanrijden op dikke paarden, of ze snelden toe
came riding on thickset horses or they rushed over

met zeis en met sikkel, met schaar en met ploegijzer,
with scythe and with sickle with scissor and with plow shears
(coulter)

en met dichte drommen drongen ze de stad binnen.
and with dense crowds pressed they the city into

"Wat is er hier te doen?"
What is there here to do

"Waarmee kunnen wij helpen?"
With what can we help

"We konden niet eerder komen!"
We could not before come

De schout knikte hen vriendelijk toe.
The sheriff nodded them pleasantly towards

50   De Weerter Rogstekers

"Landlieden! het is ook uw belang, dat de vijand, die
Farmers   it   is also your interest that the enemy that

u ziet, wordt verslagen. Want verneemt, dat de draak,
you see becomes defeated Because hear that the dragon
       (is)

die daar ligt, uit Rusland is komen aanvliegen, recht op
that there lies out of Russia is come arrive flying straight on
                              (has)

Hamont toe, waar het drie mensen met huid en haar
Hamont towards where it three people with skin and hair

heeft verslonden. Dit was nog niet voldoende voor zijn
has devoured This was still not enough for his

onverzadigbare honger."
unsatiable   hunger

De stedelingen en boeren rilden.
The citizens and farmers shivered

"Van Hamont snelde het naar Budel, en daar viel het
From Hamont rushed it to Budel, and there fell it

onverwachts een koopman aan."
unexpectedly a merchant onto

51 De Weerter Rogstekers

"Met één slag behoorde deze tot het rijk des doods,
With one blow belonged this one to the kingdom of death

en het ondier opende de muil, om het lijk te
and the monster opened the jaws for the corpse to

verzwelgen."
swallow up

"Nadat hij hiermee gereed was, verlangde hij nog een
After he with this ready was longed he still a

toetje, en onder het vliegen naar Weert greep hij,
dessert and under the flying to Weert seized he

ondanks het gejammer van de moeder, een driejarig kind
despite of the lamentations of the mother a three year old kid

bij de benen op, en met een hap en een snap was
by the legs up and with one gulp and one snap was

het al in zijn keelgat verdwenen."
it already in his throat disappeared

Lange tijd zweeg men, met hijgende adem naar de rog
(A) Long time kept silent one with panting breath to the ray
(they)

starende. Eindelijk riep één van de boeren:
staring Finally called one of the farmers

"Het is geen dier, het is de Duivel, welke zich in
It — is — no — animal — it — is — the — Devil — which — itself — in

deze gedaante aan ons vertoont. Wat helpen ons deze
this — shape — to — us — shows — What — help — us — these

wapens tegen hèm?"
weapons — against — him

Maar de burgers mokten: "Als hij zo gevaarlijk is,
But — the — citizens — sulked — If — he — so — dangerous — is

kunnen wij hem hier niet laten. Want anders kunnen we
can — we — him — here — not — let (lie) — Because — otherwise — can — we

nooit meer over de straat wandelen, zonder dat hij één
never — anymore — along — the — street — walk — without — that — he — one

van ons als zijn prooi uitkiest. Te wapen! te wapen!
of — us — as — his — prey — chooses — To — weapon (arms) — to — weapon (arms)

we zullen hem aan onze spietsen steken."
we — shall — him — to — our — spears — stick

Nu waarlijk trokken ze met man en macht vooruit,
Now — truly — pulled — they — with — man — and — force — ahead

bereid, om te sterven.
ready — for — to — die

53 De Weerter Rogstekers

Echter / However
nauwelijks / hardly
waren / were (had)
ze / they
het / the
monster / monster
genaderd, / closed in on
of / when
de / the

koopman, / merchant
die / that
het / it
had / had
laten / let
vallen, / fall
drong / pushed
zich / himself
nog / still

vlugger / quicker
naar / ahead
voren /
dan / than
de / the
Weertse / Weert
helden. / heroes

"**Och** / Oh
heren, / gentlemen
och / Oh
heren, / gentlemen
het / it
is / is
de / the
rog, / ray
die / that
ik / I
verloren / lost

heb. / have
Heren, / Gentlemen
heren, / gentlemen
hij / he
doet / does
niemand / no one
kwaad, / harm
waarom / why
zou / would

u / you
mijn / my
rog / ray
steken? / cut
Het / It
is / is
maar / just
een / a
vis!" / fish

Hij / He
nam, / took
stel / put [you]
je / you
voor, / before [imagine]
het / the
ondier / monster
in / in
zijn / his
handen / hands
en / and

legde / laid
het / it
weer / again
op / up on
de / the
kar. / cart
De / The
Weertenaren / people from Weert
zagen, / saw
dat / that

hij / he
er / there (it)
rustig / calmly
mee / with
weg / away
reed. / drove
De / The
boeren / farmers
lachten / laughed
zo / so

hard / hard
om / for
de / the
stadslui, / city folk
dat / that
hun / their
buiken / bellies
schudden. / shook

54 De Weerter Rogstekers

"Jullie moeten nog eens de klok luiden, domme
You must still one time the bell ring stupid

rogstekers!"
raycutters

Sindsdien heten de lui van Weert overal in het land
Since then are called the people from Weert everywhere in the country

van Brabant en Limburg: "de rogstekers," en ze zullen
of Brabant and Limburg the raycutters and they will

die naam behouden, zolang Weert Weert blijft.
that name retain as long as Weert Weert remains

55 De Weerter Rogstekers

WAAROM DE REUZEN ZIJN UITGESTORVEN
WHY · THE · GIANTS · ARE · DIED OUT [HAVE GONE EXTINCT]

Zoals (Like) **iedereen** (everyone) **weet,** (knows) **werd** (became (was)) **ons** (our) **land** (country) **vroeger** (in former days) **door** (by) **reuzen** (giants)

bewoond. (inhabited) **Er** (There) **waren** (were) **reuzen** (giants) **in** (in) **Drenthe,** (Drenthe) **die** (which) **hebben** (have) **de** (the)

Hunebedden (dolmens) **gebouwd.** (built) **Er** (There) **waren** (were) **reuzen** (giants) **op** (on) **de** (the) **Veluwe,** (Veluwe)

die (which) **hebben** (have) **daar** (there) **de** (the) **hoge** (high) **heuvels** (hills) **neergegooid.** (thrown down) **En** (And) **er** (there)

waren (were) **reuzen** (giants) **in** (in) **Holland** (Holland) **en** (and) **Friesland** (Frysia) **die** (who) **de** (the) **duinen** (dunes) **en** (and)

terpen (terps) **hebben** (have) **opgegooid.** (thrown up)

Bij (At) **Haarlem** (Haarlem) **leefde** (lived) **een** (a) **reuzin,** (giantess) **Walberech** (Walberech) **was** (was) **haar** (her)

naam. (name) **Ze** (She) **was** (was) **voor** (for) **haar** (her) **soort** (kind) **nogal** (rather) **groot.** (large)

In één stap kon zij de Noordzee oversteken, en eens,
In one step could she the North sea cross and once

toen rovers haar vee hadden geroofd, en al een nacht
when bandits her cattle had robbed and already a night

zeilen verder waren, bereikte ze hun schip in één stap,
sailing further were reached she their ship in one step
(had)

nam het met twee van haar vingers op, en wierp het
took it with two of her fingers up and threw it

in de lucht. Toen alle rovers dood waren, at ze hen
in the air When all bandits dead were ate she them

met huid en haar op, nam haar kudde mee, en kwam
with skin and hair up took her herd along and came

weer behouden aan land. De koeien had ze onder de
again safely on land The cows had she under the

linkerarm, de paarden onder de rechterarm en de
left arm the horses under the right arm and the

schapen liet ze op haar hoofd weiden.
sheep let she on her head graze

De reuzen waren bekleed met vellen van dieren en
The giants were clothed with skins of animals and

gewapend met knotsen.
armed with clubs

Wat ze aten? Beren, wolven, leeuwen, elanden, paarden,
What they ate Bears wolves lions mooses horses

wilde zwijnen, herten, reeën, dassen, vossen, hazen,
wild swine deers roes badgers foxes hares

zwanen, raven, ganzen en vis! Hoe lang ze leefden?
swans raven geese and fish How long they lived

Het waren sterke en gezonde wezens, en sommigen zijn
It were strong and healthy beings and some are
(They) (have)

driemaal zo oud geworden als een mens.
three times as old become as a man

Ook in Limburg woonden de reuzen. Hun koning heette
Also in Limburg lived the giants Their king was called

Halichem, en hij was ongetrouwd. Het was een serieuze
Halichem and he was unmarried It was a serious

vent, een man van weinig woorden. Als er iets moest
guy a man of little words If there something had to

gebeuren, sprak hij kortaf, en pas op als je zijn bevel
happen spoke he shortly and watch out if you his command

niet gehoorzaamde.
not obeyed

Hij	was	zo	om	en	nabij	de	vijftig	jaar,	toen	zijn
He	was	so	about	and	close to	the	fifty	year (years)	when	his

onderdanen	vonden	dat	het	tijd	werd	voor	hem	om	te
subjects	thought	that	it	time	became	for	him	for	to

trouwen.	Niemand	durfde	hem	dit	echter	te	zeggen.	Toch
marry	Nobody	dared	him	this	however	to	say	However

ging	het	op	de	duur	niet	langer.	Het	volk	moest	een
went	it (was acceptable)	on	the	long term	not	any longer	The	people	had to	a

koninklijke	nakomeling	hebben,	voor	het	geval	dat
royal	descendant	have	for (in)	the	case	that

Halichem	iets	ergs	zou	overkomen.
Halichem	something	terrible	would	happen

Eindelijk	besloot	een	van	hen	met	de	koning	te	gaan
At last	decided	one	of	them	with	the	king	to	go

spreken.	Wat	ze	met	elkander	besproken	hebben,	weet
speak	What	they	with	each other	discussed	have	knows

niemand.	Halichem	bulderde	zo	luid,	dat	het	huilen	van
nobody	Halichem	thundered	so	loudly	that	the	howling	of

de	storm	er	een	briesje	bij	lijkt,	en	alle	reuzen
the	storm	there	a	little breeze	to	seems	and	all	giants

maakten	zich	uit	de	voeten.
made themselves		out	the	feet (away)

Daarbij	zijn	trouwens	weer	heel	veel	heuvelen	en	dalen
Thereby	are (have)	as a matter of fact	again	very	many	hills	and	valleys

ontstaan,	te	veel	om	op	te	noemen.
created	too	much	for	up	to	call

Halichem	hield	van	zijn	vrijgezellenleven!	Waarom?	De
Halichem	held (dear)		his	bachelor life	Why	The

oude	kronieken	zwijgen	hierover.	Misschien	had	hij	over
old	chronicles	are silent	about this	Perhaps	had	he	concerning

eten	en	drinken	niet	te	klagen.	Het	dierenvel,	dat	hij
food	and	drink	not	to	complain	The	animal skin	that	he

over	de	schouders	droeg,	zag	er	ook	altijd	keurig	uit.
around	the	shoulders	wore	looked	there	also	always	neat	(out)

Verder	kon	hij	het	waarschijnlijk	met	zijn	vrienden	goed
Furthermore	could	he	(it)	probably	with	his	friends	well

vinden.	Bovendien	was	hij	misschien	wel	wat	verlegen
find (get off)	Moreover	was (had)	he	perhaps	possibly	a bit	shy

geweest	tegenover	de	andere	sekse,	want	dat	heb	je
been	towards	the	other	sex	because	that	have	you

tegenwoordig	zelfs	vaak	met	grote	kerels.
nowadays	even	frequently	with	large	guys

63 Waarom Reuzen Uitgestorven Zijn

Het **doet** **er** **ook** **eigenlijk** **niets** **toe.**
It does there also in fact not to
(er toe doen; to matter) (er toe doen; to matter)

Halichem **wilde** **niet** **trouwen,** **en** **de** **eerste** **poging,** **om**
Halichem wanted not to marry and the first attempt to

hem **van** **zijn** **plan** **af** **te** **brengen,** **mislukte** **geheel** **en**
him of his plan off to bring failed entirely and

al. **Pas** **na** **een** **paar** **dagen** **durfden** **zijn** **onderdanen**
wholly Just after a couple of days dared his subjects

terug **te** **komen.**
back to come

Met **zijn** **weigering** **was** **het** **immers** **nog** **niet** **helemaal**
With his refusal was it however yet not entirely
(the case)

afgelopen.
finished

Op **een** **zomerdag** **kwam** **zijn** **volk** **in** **een** **geheime**
On a summer day came are people in a secret

vergadering **samen.**
meeting together

65 Waarom Reuzen Uitgestorven Zijn

Wat daar besproken is, weet niemand. Het besluit echter
What *there* *discussed* *is* *knows* *nobody* *The* *decision* *however*

is algemeen bekend. Men zou een deputatie van sterke
is *commonly* *known* *They* *would* *a* *deputation* *of* *strong*

reuzen naar Halichem afvaardigen, en hem tot rede
giants *to* *Halichem* *delegate* *and* *him* *to* *reason*

brengen.
bring

Aldus geschiedde. Zeven van de sterkste reuzen
Thus *occurred* *Seven* *of* *the* *strongest* *giants*

organiseerden zich, en de petitie werd overgereikt. De
organized *themselves* *and* *the* *petition* *became* *reached (handed) over* *The*

vorst had zich naar de wens van zijn natie te
king *had* *himself* *to* *the* *wish* *of* *his* *nation* *to*

schikken. Hij ontving de gedeputeerden allergenadigst, en
arrange (behave) *He* *received* *the* *representatives* *very honorably* *and*

beloofde hun verlangen in overweging te nemen.
promised *their* *desire* *in* *consideration* *to* *take*

Maar, wie was er waardig, om koningin te worden?
But *who* *was* *there* *worthy* *for* *queen* *to* *become*

Halichem ging zelf op de zoek. Hij vond een aardig
Halichem went himself on the search He found a nice

meisje, zowat vier voeten kleiner dan hij. Alle
girl almost four feet smaller than he All

bestanddelen van een goed huwelijk waren dus aanwezig,
components of a good marriage were therefore present

want voor een nette, fatsoenlijke bruiloft behoort het
because for a neat decent wedding should the

meisje niet zo groot te zijn als de jongen. Het andere
girl not as tall to be as the boy The other

staat niet.
stands not
(is presentable)

Het volk was dronken van vreugde.
The people were drunk of joy

Haastig werd het paleis gebouwd. Omdat de
Hastily became the palace built. Because the
(was)

trouwplechtigheid spoedig zou plaatsvinden, werd er niet
wedding ceremony shortly would take place became there not
(was)

veel zorg aan de architectuur besteed.
much care for the architecture spent
(trouble)

67 Waarom Reuzen Uitgestorven Zijn

Dit hoefde ook niet. In het nederigste hutje kan immers
This was needed also not In the humblest hut can after all

geluk wonen?
happiness live

Maar... Hoewel het volk tevreden was, vond Halichem de
But although the people satisfied was thought Halichem the
(were)

Vorst zijn poging, gedaan in het belang van zijn volk,
King his attempt done in the importance of his people
(made)

een grote teleurstelling. Het was wel een aardig meisje,
a large disappointment It was indeed a nice girl

om te zien, doch hetgeen eraan ontbrak, was eigenlijk,
for to see however that which of it was lacking was in fact
(to) (look upon)

wat ze te veel had.
what she too much had

Ze kon ongelofelijk, onmenselijk veel praten. Ze praatte
She could incredibly inhumanly much talk She talked

van de vroege morgen tot de late avond.
from the early morning until the late evening

"Ratelderatel," ging het de hele dag, dat het de arme
Rattletherattle went it the whole day that it the poor

Halichem tuitte in zijn oren. Waar ze over praatte? Over
Halichem sang in his ears Where she about talked About

de reuzin die en over de reuzin zo; over de armband
the giantess that and about the giantess such about the bracelet

van de reuzin zus, en de oorbellen van reuzin daar.
of the giantess sister and the earrings of giantess there

Over de oude reus, die ze niet had willen hebben, en
About the old giant that she not had want to have and
                                                     (wanted)

over de jonge reus, die ze had geweigerd. Over de
about the young giant that she had refused About the

nicht van reuzin X, die de oud-tante van reuzin IJ had
cousin of giantess X that the old aunt of giantess IJ had
                                                              (Y)

beledigd, en wat de reus Z daarover had gezegd, wat
offended and what the giant Z about that had said what

de reus Dubbel X daarover zou zeggen, en wat
the giant Double X about that would say and what

Halichem meende van de nicht van reuzin IJ, die altijd
Halichem thought of the cousin of giantess IJ which always
                                                        (Y)

anderen zo belasterde.
others so much slandered

Ook	had	de	reuzin	dubbel	IJ	haar	ooit	zo	gekrenkt,
Also	had	the	giantess	double	IJ (Y)	her	once	so	offended

door	haar	met	een	mens	te	vergelijken.	Daarom	wilde
by	her	with	a	human	to	compare	For this reason	wanted

ze	de	reuzin	dubbel	IJ	niet	op	de	bruiloft	vragen;	en
she	the	giantess	double	IJ (Y)	not	on	the	wedding	ask	and

als	ze	haar	toch	op	de	bruiloft	vroeg,	koel	bejegenen.
as	she	her	nevertheless	on	the	wedding	asked	with coldness	treat

"Ratelderatel,"	De	hele	dag.
Rattletherattle	The	whole	day

Nu	was	Halichem	in	het	begin	verwonderd	geweest,	dat
Now	was (had)	Halichem	in	the	beginning	surprised	been	that

iemand	zolang	achtereen	kon	praten.	Hij	had	ademloos
someone	such (a) long (time)	consecutively	could	talk	He	had	breathlessly

gewacht,	tot	ze	zou	ophouden.	Zulk	een	wezen	had	hij
waited	until	she	would	stop	Such	a	being	had	he

nog	nooit	ontmoet.
as yet	never	met

Het	eten	liet	ze	ervoor	staan,	om	met	hem	te
The	food	let	she	for it	stand	for	with	him	to

babbelen.	Het	merkwaardigst	was,	dat	ze	nooit	een
chatter	The	most remarkable	was	that	she	never	an

antwoord	van	hem	hoefde	te	hebben.	Ze	vroeg	hem
answer	of	him	needed	to	have	She	asked	him

wel,	wat	hij	over	een	of	ander	onderwerp	dacht,	maar
indeed	what	he	about	one	or	(an)other	subject	thought	but

op	het	ogenblik,	dat	hij	zijn	mening	wilde	zeggen,	riep
on	the	moment	that	he	his	opinion	wanted	to tell	called

ze	uit:
she	out

"Stil!	jij	praat	de	hele	dag,	laat	mij	nu	ook	eens	wat
Quiet	you	talk	the	whole	day	let	me	now	also	once	some

zeggen,"	en	dan	begon	het	van	voren	af	aan,	over
say	and	then	started	it	from	front (the start)	off	on	about

alle	dingen	van	de	wereld,	van	de	paplepel	tot	aan	de
all	things	of	the	world	of	the	porridge spoon	up	to	the

liefde	toe.
love	to

Pas	de	nacht	bracht	rust.
Only	the	night	brought	rest

Als	daarna	de	afgetobde	reus	probeerde	te	slapen,	drong
When	afterwards	the	worn out	giant	tried	to	sleep	pervaded

hem	de	echo	van	haar	stem	weer	in	zijn	bewustzijn,
him	the	echo	of	her	voice	again	in	his	conscience

en	dan	herkauwde	zijn	brein	al	het	geestelijk	voedsel
and	then	ruminated (reprocessed)	his	brain	all	the	mental	food

van	de	dag,	zonder	ophouden.
of	the	day	without	stop

Als	de	morgen	kwam,	bemerkte	het	meisje	in	het	geheel
As	the	morning	came	noticed	the	girl	in the entirety (at all)		

niet,	dat	Halichem	moe	was,	en,	daar	zij	een
not	that	Halichem	tired	was	and	there (because)	she	an

uitmuntende	slaap	had	genoten,	begon	zij	fris,	van	voren
very good	sleep	had	enjoyed	started	she	fresh	from	front (the start)

af	aan.
off	on

Halichem	werd	nog	stiller	dan	vroeger.	Doch	zijn
Halichem	became	even	more quiet	than	in former days	Yet	his

verloofde	lette	daar	niet	op.
fiancee	paid attention	there	not	on

73 Waarom Reuzen Uitgestorven Zijn

Het waren enige oude reuzen van zijn volk, die het
It were some old giants of his people who the

eerst bemerkten, dat hun vorst er slecht uitzag. Ze
first noticed that their king (there) badly looked They

vroegen hem naar de reden. Ze vroegen het de
asked him for the reason They asked it the

aanstaande koningin, maar deze overstelpte hen met
future queen but this one showered them with

zoveel woorden, dat zelfs hun wijsheid haar niet begreep.
so much words that even their wisdom her not understood

Langzaam, het hoofd schuddend, gingen ze terug. De
Slowly the head shaking went they back The

jongste zei:
youngest said

"Ik heb op de wereld geleerd, dat alles zijn grond
I have on the world learned that everything its reason
         (in)

heeft."
has

Die op hem in jaren volgde, voegde hieraan toe:
That one whoon him in years followed joined to this to

"Het is beter ten hele gekeerd, dan ten halve gedraaid."
It is better to completely went back then to half turned
                        (undo it)   (the)   (acted)

Toen eindigde de oudste ernstig:
Then finished the oldest seriously

"Er is veel kwaad ontstaan, doordat men te weinig heeft
There is much anger arisen because people too little have

gesproken. Maar te veel is nog gevaarlijker. We moeten
spoken But too much is still more dangerous We must

de vorst waarschuwen."
the king warn

In de nacht, toen hij alleen was, gingen ze naar hem
In the night when he alone was went they to him

toe. Ze kwamen in zijn vorstelijk slaapvertrek, waar hij
(towards) They came into his royal sleeping chamber where he

neerlag, de ogen brandend en wijdopen. Hij sprong
lay down the eyes burning and wide open He jumped

overeind, op het ogenblik, dat hij voetstappen hoorde.
up on the moment that he footsteps heard

Arme man! hij · meende, dat het zijn verloofde was, die
Poor man he thought that it his fiancee was who

met hem nog wat wilde babbelen.
with him still some wanted to chatter

"Wij zijn het," sprak de oudste grijsaard, "om met u de
We are it spoke the oldest graybeard for with you the

zaken des lands te bespreken."
cases of the country to discuss

Woest schudde Halichem zijn vuist, zodat ze bijna de
Mad shook Halichem his fist so that she almost the
(it)

neus van de oude reus raakte.
nose of the old giant touched

"Bespreken?" schreeuwde hij. "Bespreken?" En toen
Discuss shouted he Discuss And then

uitgeput, "bespreken. Wat moet er nu nog besproken
exhausted discuss What must there now still discussed

worden?"
become

"U mag niet trouwen."
You may not marry

Halichem viel hem, snikkend van vreugde, om de hals.
Halichem fell him crying of joy around the neck

"Dat zijn de eerste wijze woorden, die ik sinds lang
That are the first wise words, that I since long
(Those)

heb gehoord. O! wijze raadslieden, als jullie eens wisten
have heard O wise councelors if you well knew

welke verschrikkingen ik omwille van mijn volk heb
which horrors I for the best of my people have

geleden. Maar nu! Hoort mij aan! Nu wil ik mijn volk
suffered But now Hear me (to) Now want I my people

gelukkig maken. Van deze stonde aan, roepen wij de
happy make From this hour of call we the

mannen toe: als u uw wijsheid wilt bewaren, zo u wilt
men towards if you your wisdom want to keep so you want

werken naar uw aard, trouw dan niet."
to work to your nature marry then not

77 Waarom Reuzen Uitgestorven Zijn

Het zal morgen bij het krieken van de dag door mijn
It shall tomorrow at the chirping (breaking) of the day by my

herauten alom worden bekendgemaakt. " Aldus is geschied,
heralds everywhere become announced Thus is (has) occurred

dat de reuzen in Limburg niet meer trouwden, en
that the giants in Limburg not anymore married and

daarom is hun geslacht uitgestorven. Het zijn nu de
for this reason is their line died out It are now the

eens zo verachte mensen, die in het land van
once so scorned people who in the country of

Maastricht, van Roermond en Venlo heersen.
Maastricht of Roermond and Venlo dominate

Maar ter eeuwige nagedachtenis aan het mislukte huwelijk
But for the eternal memory to the failed marriage

staat nog de half voltooide woning van de reuzen bij
stands still the half completed house of the giants at

het plaatsje Echt, als een stille waarschuwing voor de
the little village Echt as a quiet warning for the

Limburgers, die er zich echter niet aan storen!
Limburgers who there themselves however not about bother

DE SCHELPENGROT OP NIENOORT
THE SHELLCAVE ON NIENOORT

Ooit was de schelpengrot op Nienoort een rijke
Once was the shellcave on Nienoort a rich

schatkamer, waarin veel goud en zilver was verborgen.
treasure room in which much gold and silver was hidden

Er waren vaten vol diamanten en parels, in gouden
There were barrels full of diamonds and pearls in golden

bekers zaten topazen, opalen, robijnen, smaragden, in
cups sat topazes opals rubies emeralds in

allerlei vormen en kleuren doorelkaar: er lagen armbanden,
different forms and colors mixed there laid bracelets

als schitterende, kronkelende spiralen, en vijfenveertig
like shining coiled spirals and fortyfive

halssnoeren, allemaal even mooi bewerkt. Het was een
necklaces all just as beautiful worked It was a

wereld van flonkering en flikkering, een trilling en golving
world of glittering and flickering a pulsating and undulating

van gloed.
of glow

Rood en blauw en groen en sneeuwwit beefden
Red and blue and green and snowwhite shook

zenuwachtig tegen elkander, en deze duizend schitteringen
nervously onto eachother and these thousand glitterings

werden veroorzaakt door het licht.
were caused by the light

Er waren er niet veel, die de schatkamer van Nienoort
There were (there) not many that the treasure room of Nienoort

hadden gezien, slechts de rijke Heer van Nienoort en
had seen just the rich Lord of Nienoort and

zijn soldaten. Er woonde echter bij Nienoort een vrouw,
his soldiers There lived however at Nienoort a woman

die eens toevallig binnen de schatkamer een blik had
that once coincidentally inside the treasure room a look had

geworpen, en nu dag en nacht aan niets anders dacht
thrown and now day and night of nothing else thought

dan aan de daar opgestapelde sieraden.
than of the there piled jewelry

Ze / had / een / arme / jongeman / lief, / en / na / zolang / te
She / had / a / poor / young man / dear / and / after / so long / to

hebben / gedacht / aan / de / rijkdom / die / er / in / de / kamer
have / thought / of / the / riches / that / there / in / the / room

schitterde, / kwam / ze / tot / het / besluit / om / enkele
shone / arrived / she / unto / the / decision / to / a few

halskettingen / te / stelen / en / ermee / te / vluchten.
necklaces / to / steal / and / with these / to / escape

Dan / zou / ze / geld / genoeg / hebben / om / met / de / jongeman
Then / would / she / money / enough / have / to / with / the / young man

te / trouwen, / en / één / halsketting / kon / ze / dan / voor / haarzelf
to / marry / and / one / necklace / could / she / then / for / herself

behouden.
retain

Dit / alles / bedacht / zij / zich, / zonder / de / mogelijke / gevolgen
This / everything / considered / she / herself / without / the / possible / consequences

ervan / te / beseffen, / en / ook / de / uitvoerbaarheid / van / haar
of it / to / understand / and / also / the / practicability / of / her

dromen.
dreams

Want telkens, wanneer ze de schatkamer voorbijging,
Because again and again when she the treasure room passed

scheen de zware, ijzeren deur te spotten met haar
seemed the heavy iron door to mock with her

verlangen, en haar passen werden moedelozer bij het
desire and her paces were more despondent by the

verder gaan. De zuster van haar verloofde leerde de
further going The sister of her fiancé learned the

man kennen die de schatkamer bewaakte en ze werden
man know who the treasure room guarded and they became

geliefden. Hij was een weduwnaar met een kind, een
lovers He was a widower with a child a

meisje van negen jaar. zo ontmoette de vrouw plotseling
girl of nine year (years) so met the woman suddenly

deze man, en dikwijls kwam ze bij hem aan huis. Een
this man and often came she to him at home A

paar maanden lang, steeds maar in haar hoofd de
few months long always just into her head the

woorden bewarend en oppassend, dat zij niet zouden
words keeping and taking care that they not would

ontsnappen, praatte ze over andere dingen, en hij kreeg
escape talked she over other things and he got

vertrouwen in haar.
faith into her

83 De Schelpengrot

Hij zocht dus niets kwaads achter haar vraag, toen zij
He searched also nothing evil behind her question when she

eindelijk zei: "Als je getrouwd bent, zal je vrouw dan
finally said If you married are shall your wife then

de schatkamer mogen zien?"
the treasure room may see

Hij lachte. "Ik laat liever geen vrouw de schatkamer
He laughed I let rather no woman the treasure room

zien, tenzij op last van mijn heer. De vingers van
see unless on order from my lord The fingers of

vrouwen beven te veel als ze die sieraden vasthouden."
women shake too much as they these jewels hold

"Maar je eigen vrouw..."
But your own wife

Ernstig dacht hij na. "Ik zou het niet doen, of mijn
Seriously thought he (after) I would it not do unless my

heer moest me toestemming geven."
lord had to me consent give

"En je eerste vrouw dan?"
And your first wife then

"Mijn eerste vrouw heeft de schatkamer nooit gezien. De
My first wife has the treasure room never seen The

enige vrouw, die er in- en uitloopt is mijn dochtertje. Zij
only woman that there in and out walks is my little daughter She

weet het geheim van het slot, en ze behoeft me nooit
knows the secret of the lock and she needs me never

te vragen, of ze in de kamer mag of eruit."
to ask if she in the chamber may or out of it

Verder werd er niet meer over gesproken, maar vanaf
Further became there not anymore about spoken but from
(More) (was) (it)

toen zag men de vrouw en het kind altijd samen,
then saw they the wife and the child always together

hand in hand lopend door het veld, pratend en lachend.
hand in hand walking through the field talking and laughing
(countryside)

Meestal had de vrouw iets voor het kleine meisje:
Most often had the woman something for the little girl

85 De Schelpengrot

een snoepje of een appel, en ze kende veel leuke
a   sweet   or an apple   and she knew a lot of pretty

spelletjes die ze samen deden.
games   that they together did

Ook zong ze voor het meisje vrolijke liedjes, en alle
Also sang she for the girl merry   songs   all all

vogels wist ze na te doen.
birds knew she to simulate

Wat was een dag voor het kind, als ze met de
What was a day for the child as she with the

vrouw ging?
woman went

De vader had geen wantrouwen.
The father had no distrust

"Kinderen met elkaar," dacht hij, als hij ze samen zag.
Children with each other thought he as he them together saw

Het — It
was — was
op — on
een — a
zomeravond, — summer evening
dat — that
de — the
verloofde — fiancee
van — of
de — the

bewaker — guard
hem — him
vroeg, — asked
of — whether
hij — he
met — with
haar — her
op — on
het — the
meer — lake

wilde — wanted
gaan — to go
roeien, — rowing
maar — but
eerst — first
zei — said
hij — he
zijn — his
dochtertje, — little daughter
dat — that

er — there
niemand — no one
in — in
de — the
schatkamer — treasure room
mocht — may
komen, — come
en — and
dat — that
ze — she

de — the
heer — lord
zou — should
waarschuwen, — warn
als — if
er — there
een — a
mens — person
in — in
de — the

nabijheid — proximity
kwam. — came

Nauwelijks — Hardly
was — was
hij — he
weg, — gone
of — whether
de — the
vrouw — woman
riep — called
het — the
kind — child
bij — by

haar — her
naam, — name
en — and
samen — together
zingend — singing
liepen — ran
ze — they
een — a
eind — while
door — through

het — the
veld. — field (countryside)
die — that
avond — evening
echter — however
wilde — wanted
de — the
vrouw — woman
niet — not
spelen... — play

ze — she
trok — pulled
het — the
meisje — girl
naar — towards
zich — herself
toe, — over
streelde — stroked
het — her
over — over
de — the

haren, — hair
en — and
vroeg: — asked

87   De Schelpengrot

"Is je vader uit?"
Is your father away

"Ja..."
Yes

"Waar is hij naar toe?"
Where is he gone to

"Hij zeilt op het meer."
he sails on the lake

De vrouw haalde diep adem, en terwijl haar stem trilde,
The woman took deep breath and while her voice shook

vroeg ze, en ze boog zich over het kind en pakte
asked she and she bowed herself over the child and took

haar handen vast:
her hands firmly

"Dus ben je alleen thuis? En hoe laat komt je vader
So are you alone at home And how late comes your father

terug?"
back

"Oh, heel laat, maar ik moet hier dichtbij blijven, om
Oh   very late but I must here close   remain   to

op de schatkamer te passen."
(at) the treasure room to mind

"Is de schatkamer mooi? Zijn er mooie dingen te zien?"
Is the treasure room beautiful Are there beautiful things to see

"Het is heel mooi in de schatkamer... het is helemaal
It is very beautiful in the treasure room   it is totally

licht, nog meer licht dan wanneer de zon schijnt, overal
light even more bright than when the sun shines everywhere

licht en alle stenen hebben licht in zich."
light all all stones have light in themselves

"Mag ik de schatkamer zien, met al het licht? Wil jij
May I the treasure room see with all the light Want you

de deur voor mij openmaken, dan kan ik het licht ook
the door for me to open so can I the light also

eens zien."
once see

89   De Schelpengrot

Toen	**pakte**	**het**	**meisje**	**de**	**zware**	**sleutel,**	**en**	**draaide**
Then	seized	the	girl	the	heavy	key	and	turned

deze	**zeven**	**keer**	**naar**	**links;**	**daarna**	**trok**	**ze**	**de**	**sleutel**
it	seven	times	to	(the) left	afterwards	pulled	she	the	key

een	**stukje**	**terug**	**en**	**draaide**	**de**	**sleutel**	**een**	**halve**	**slag**
a	bit	back	and	turned	the	key	a	half	turn

om,	**en**	**de**	**poort**	**gleed**	**geruisloos**	**open,**	**en**	**allebei**
around	and	the	gate	slid	without a sound	open	and	both

stapten	**zij**	**naar**	**binnen.**	**Het**	**jonge**	**meisje**	**legde**	**de**
stepped	they	towards	(the) inside	The	young	girl	put	the

sleutel	**bij**	**de**	**sieraden**	**neer.**
key	with	the	jewelry	down

In	**plaats**	**van**	**nu**	**wat**	**sieraden**	**te**	**grijpen,**	**en**	**er**	**mee**
instead	of	now	some	jewelry	to	grasp	and	there	with

naar	**een**	**ver**	**land**	**te**	**vluchten,**	**bleef**	**de**	**vrouw**	**staan**
to	a	far	land	to	escape	remained	the	woman	to stand

en	**staarde**	**naar**	**al**	**het**	**glanzen**	**en**	**glinsteren**	**om**	**haar**
and	stared	to	all	the	shining	and	glittering	around	her

heen.	**Zelfs**	**haar**	**vingers**	**strekte**	**ze**	**niet**	**uit.**
(by)	Even	her	fingers	reached	she	not	out

Haar ogen waren groot, ze hijgde, en ze staarde alleen
Her eyes were large she panted and she stared just

maar naar de opgestapelde schatten.
only at the piled up treasures

"Spelen," zei het meisje, "laten we nu gaan spelen."
Play said the girl let us now go play

De vrouw gaf geen antwoord.
The woman gave no answer

"Kom bij ons," riepen de edelsteen met fluisterende
Come with us shouted the gems with whispering

stemmen, "neem ons in de hand, en bekijk ons van
voices take us in the hand and look at us from

dichtbij."
close by

Ze wilde naar deze verlokking luisteren, maar het was
She wanted to this enticement listen but it was

alsof ze vastgebonden was.
as if she tied was

Ze moest blijven zoals ze stond, het hoofd
She had to remain as she stood the head

voorovergebogen, als iemand, die plotseling een
bent over like someone who suddenly a

geestverschijning voor zich ziet. Voor haar flonkerden de
ghost before himself sees Before her flickered the

diamanten, de parels, de robijnen, en uit de schat van
diamonds the pearls the rubies and from the treasure of

sieraden en edelstenen scheen met brede en dunne
jewelry and gemstones shone with broad and thin

stralen het licht, wit en goud en groen en rood,
rays the light white and gold and green and red

vermengd in alle schakeringen. De late dag met al zijn
mixed in all shades The late day with all its

geheimen was in de schatkamer, en schiep in de
secrets was in the treasure room and created in the

gewelven een sluier boven deze kleuren.
arches a veil over these colours

"Spelen, ga mee spelen!" zeurde het kind.
Play go along play whined the child
(come)

De   edelstenen   riepen:
The   gems   called

"Het   wordt   gauw   avond...   Dan   zul   je   ons   niet   meer
It   becomes soon   evening   Then   will   you   us   not   anymore

zien,   en   niet   meer   weten,   wat   het   kostbaarste   is   op
see   and   not   anymore   know   which   the   most valuable is   on

aarde!   Kom   dan...   kom   dan...   kom   dan..."
earth   Come   then   come   then   come   then

Eindelijk   spreidde   de   vrouw   haar   armen   uit,   en   met
Finally   spread   the   woman   her   arms   wide   and   with

huilende   stem   zei   ze:
crying   voice   said   she

"Oh!   ik   kan   het   niet."
Oh   I   can   it   not

Het   kind   vatte   haar   hand.
The   child   grabbed   her   hand

"Ga   mee,   laten   we   buiten   spelen."
Go   along   let   us   outside   play
(Come)

93   De Schelpengrot

Ze streek het kind over de haren, ze trok het naar
She stroked the child over the hairs they tore it to

zich toe en kuste het:
herself over and kissed it

"Ga maar alleen. Ik kom zo wel bij je."
Go just alone I come later right to you

Het meisje sprong van haar weg, maar toen ze de
The girl jumped from her away but when she the

sleutel zag, die ze naast de sieraden had gelegd, kwam
key saw that she next to the jewelry had placed arrived

ze plotseling op het idee, om de vrouw te plagen, en,
she suddenly at the idea to the woman to tease and

terwijl ze wegging, trok ze de deur achter zich dicht,
while she went out drew she the door behind herself shut

en stak de sleutel in het slot, en met een draai zat
and put the key in the lock and with a turn sat
(was put)

de deur vast alsof er vijftig grendels op zaten.
the door fastened as if there fifty bolts on sat
(were)

Buiten riep ze:
Outside called she

"Zie maar, dat u eruit komt. Ik ga alleen spelen."
See just that you out come I go alone play

Op dat ogenblik vloog een kleine vlinder langs het
At that moment flew a small butterfly by the

meisje, en ze vergat de deur, en de vrouw, die binnen
girl and she forgot the door and the woman that within

in de schatkamer was opgesloten.
in the treasure room was locked up

Ze sprong achter de vlinder aan, probeerde hem te
She jumped after the butterfly (on) tried him to

vangen, als hij even op een bloem zat, en wanneer
catch if he for a while on a flower sat and when

hij verder fladderde, liep het meisje ook verder de
he further fluttered ran the girl likewise further the

weide in, tot het moe was gespeeld, en naar huis
meadow on until she tired was played and home

toe ging. Ze zei haar avondgebedje alleen en weldra
went She said her evening prayer alone and soon

sliep ze in.
slept she in

Haar vader kwam een paar uur later thuis, maar het
Her father came a few hours later home but the

kind werd niet wakker.
child became not awake

De vrouw stond intussen in de donkere schatkamer. Bij
The woman stood meanwhile in the dark treasure room At

het dichtslaan van de deur was de zware nacht
the slamming shut of the door was the heavy night

onmiddellijk overal om haar heen, en de stemmen van
immediately everywhere around her (by) and the voices of

de edelstenen hielden op met spreken. Hoe was het
the gemstones stopped with speaking How was it

mogelijk, dat ze in een kamer stond vol met
possible that she in a room stood full of

kostbaarheden? Alles was donker, de diamanten waren
valuables Everything was dark the diamonds were

niet minder nacht dan de tafels, waarop ze waren
not less night there the tables where they were

neergelegd. Alles zweeg, ook de geluiden van buiten, en
laid down Everything kept silent also the sounds of outside and

languit liet de vrouw zich op de grond vallen, om te
stretched out let the woman herself on the ground fall for to

slapen.
sleep

Ze kon de slaap echter niet vatten, want in haar oren
She could the sleep however not seize because into her ears

klonk nog steeds de echo van het gefluister van de
sounded yet always the echo of the murmurs of the

edelstenen, en ze rilde van koortsig verlangen om hun
gemstones and she shivered of feverish desire of their

stemmen weer te horen en hun gloed weer te zien.
voices again to hear and their glow again to see

Ze zou nooit meer van deze plaats weg willen. O, wat
She would never anymore of this place away want O what

duurde de nacht genadeloos lang!
lasted the night mercilessly long

Het was buiten al lang dag, toen de eerste stralen
It was outside already long day when the first rays

van de zon in de schatkamer afdaalden, en met de
of the sun in the treasure room went down and with the

vale schemer begon het licht van de edelstenen weer
dim twilight began the light of the gemstones again

te glanzen en hun stemmen begonnen weer te klinken.
to shine and their voices started again to sound

"Het is dag, kom nu bij ons. Neem ons in je handen,
It is day come now with us Take us in your hands

pas ons om je vingers, leg ons om je hals."
try us around you fingers lay us around your neck

Wankelend ging ze naar de tafels, en één voor één
Staggering went she at the tables and one by one

hield ze de sieraden vast. Ze glimlachte, toen ze
held she the jewelry fast She smiled as she
(in her hand)

tenslotte het kostbaarste snoer parels om haar hals
finally the most valuable lace pearls around her neck

wond, en vijf armbanden met diamanten bezet in haar
winded and five bracelets with diamonds studded into her

hand nam. Ze wendde zich naar de deur, met het
hand took She turned herself to the door with it

plan, te ontvluchten. Ineens bedacht ze, dat de deur
plan to escape Suddenly considered she that the door

was gesloten, en ze staarde bewegingloos naar het ijzer,
was closed and she stared not moving to the iron

dat haar tegenhield van de vrijheid en het geluk, net
that her stopped of the freedom and the fortune just

als ze de avond ervoor bewegingloos naar de diamanten
as she the evening before without moving at the diamonds

had gekeken.
had looked

Zo	vonden	haar	de	bewakers,	die,	nadat	het	kind	was
Like that	found	her	the	guards	who	after	the	child	was (had)

ontwaakt	en	het	verhaal	had	verteld,	dat	de	vrouw	was
woken up	and	the	story	had	told	that	the	woman	was

opgesloten,	de	schatkamer	binnendrongen.	Ze	zagen,	dat
locked up	the	treasure room	moved in	They	saw	that

het	snoer	parels	om	haar	hals	hing,	en	dat	ze	vijf
the	lace	pearls	around	her	neck	hung	and	that	she	five

armbanden	in	haar	hand	hield.	Ruw	voerde	men	haar
bracelets	in	her	hand	held	Roughly	led	they	her

naar	de	Heer	van	Nienoord.	Voor	hem	bekende	ze
to	the	lord	of	Nienoord	Before	him	admitted	she

alles,	hoe	ze	maanden	lang	had	geprobeerd,	om	in	de
everything	how	she	months	long	and	tried	to	into	the

schatkamer	te	komen,	en	hoe	het	haar	eindelijk	was
treasure room	to	come	and	how	it	her	finally	was (had)

gelukt.	De	stem,	waarmee	ze	zei,	dat	slechts	de	deur
succeeded	The	voice	with which	she	said	that	only	the	door

haar	had	belet,	om	haar	plan	uit	te	voeren,	klonk	als
her	had	stopped	to	her	plan	out	to	lead	sounded	as

een	vloek.
a	curse

Ze	meende	niet	anders	dan	dat	ze	ter	dood	zou
She	meant	not	anything else	than	that	she	to	death	would

worden	gebracht.	Haar	hoofd	hield	ze	gebogen,	en	het
become	brought	Her	head	held	she	bowed	and	it

scheen	haar,	of	ze	reeds	voelde,	hoe	het	scherpe
seemed	her	as if	she	already	felt	how	the	sharp

zwaard	door	haar	nek	sneed,	en	terwijl	ze	haar	hoofd
sword	through	her	neck	cut	and	while	she	her	head

nog	dieper	boog,	leek	het	zelfs	voor	haar	alsof	het	al
still	deeper	bowed	seemed	it	even	for	her	as if	it	already

op	de	grond	zou	vallen.	Ze	rilde.	Ze	was	nog	zo
on	the	ground	would	fall	She	shivered	She	was	still	so

jong!	Van	het	leven	te	moeten	heengaan,	en	de	wereld
young	Of	the	life	to	have to	go away	and	the	world

was	zo	jong.	Met	al	de	kracht	van	haar	bloed	had
was	so	young	With	already	the	strength	of	her	blood	had

ze	een	man	lief,	waarom	was	de	dood	zo	wreed?
she	a	man	dear (in love)	why	was	(the)	death	so	cruel

De	Heer	van	Nienoord	keek	op	haar	neer,	en	zei:
The	Lord	of	Nienoord	looked	on	her	down	and	said

"Waarom wilde je mij bestelen?"
Why wanted you (of) me steal

Ze antwoordde met doffe stem:
She answered with listless voice

"Ik had met mijn bruidegom willen vluchten naar een
I had with my bridegroom to want escape to a

ver land, maar toen ik de parels en diamanten zag,
far land but when I the perls and diamonds saw

kon ik niet meer weggaan. Anders was ik zeker reeds
could I not anymore leave Otherwise was I surely already
(had been)

lang weggeweest, en had u mij nooit kunnen vinden."
long gone away and had you me never be able to find

Dit antwoord ontstemde haar rechter alleen maar meer.
This answer displeased her judge just only more

"Ik weet een betere straf voor jou dan de dood."
I know a better punishment for you than (the) death

101 De Schelpengrot

"Ik zal de sieraden uit de schatkamer nemen, en je
I shall the jewelry from the treasure room take and you

zal van de grot een schelpengrot maken. Bij het eerste
will of the cave a shellcave make At the first

zonlicht zal je beginnen en bij het laatste zal je
sunlight will you begin and by the last will you

eindigen, zonder ooit een mens te zien. Dat zal je
end without ever one man to see That shall your

straf zijn."
punishment be

De volgende ochtend ging ze al aan het werk.
The morning went she already at the work
(started)

In de nacht had men in de eenzame grot duizenden
In the night had they in the lonely cave thousands of

schelpen binnengebracht, in vele vormen en kleuren, en
shells brought in in many forms and colours and

ze werden als edelstenen in de handen van de vrouw.
they became like gems in the hands of the woman

Van buiten klonken tot haar de liedjes van kinderen en
From the outside sounded to her the songs of children and

het roepen van de mensen door. Soms hoorde ze in
the shouting of the people through Sometimes heard she in

de verte de stem van de man, die ze liefhad, en
the distance the voice of the man, whom she loved, and

voor wie ze de diefstal had willen volvoeren. Misschien
for whom she the theft had wanted to execute Maybe

aarzelden haar handen dan even, misschien waren haar
hesitated her hands then a bit, maybe were her

ogen dan een seconde blind, daarna ging ze door met
eyes than a second blind, Afterwards went she onwards with

haar werk.
her work

Misschien meende ze, dat het kort zou duren. Verwachtte
Maybe believed she, that it shortly would last. Expected

ze nog iets van haar leven? Dacht ze, dat ze eens
she still something of her life? Thought she, that she once
(someday)

in vrijheid zou worden gesteld, en dat ze het geluk
in freedom would become put, and that she the fortune

nog zou vinden?
still would find

103   De Schelpengrot

Dagen verbonden zich aan dagen, en dagen rijgden zich
Days merged themselves with days and days tacked themselves

aaneen tot maanden en maanden tot jaren.
together to months and months to years

Iedere schelp was een groot deel van haar leven, en
Every shell was a big part of her life, and

ze wist niet, dat in de wereld van de mensen het
she knew not that in the world of (the) people the

meisje, met wie zij eens had gespeeld, reeds getrouwd
girl, with who she once had played, already married

was, en dat de man, die ze liefhad, was gestorven.
was and that the man who she loved was died
(had)

Soms meende ze, dat ze diamanten, parels, topazen,
Sometimes thought she that she diamonds, pearls, topazes,

robijnen in haar hand hield, inplaats van schelpen. Ze
rubies in her hand held, instead of shells. She

liet ze flonkeren in het licht, en ze maakte er aan de
let them flicker in the light, and she made there on the

wand een kunstwerk van, schitterende van glans.
wall a work of art of, shining of brilliance

Even strekte ze er dan de handen naar uit, en ze
Just for a moment reached — she (there) then the hands towards out and she

fluisterde:
whispered

"Als morgenvroeg de deur opengaat, zal ik vluchten, en
As tomorrow morning early the door opens will I escape and

alle edelstenen zal ik met mij meenemen. Dan zullen hij
all gems will I with me take away Then shall he

en ik in een vreemd land trouwen. Één halssnoer zal
and I in a strange land marry One necklace will

ik om mijn hals dragen..."
I in order to name neck carry

De volgende morgen begon ze echter weer aan haar
The next morning started she however again with her

eindeloze taak. Haar haren werden grijs, maar ze merkte
endless task Her hair was grey but she noticed

het niet. Schelp sloot zich aan schelp, haar handen
it not Shell closed itself to shell her hands

werden nooit onzeker bij het eeuwige schikken.
were never unsure at the eternal arranging

Toen	de	schelpen	bijna	allemaal	waren	gebruikt,	ging	er
When	the	shells	nearly	all	were	used	went	there

boven	de	grot	een	luik	open,	en	massa's werden	er
up in	the	cave	a	porthole	open	and	were	there

weer	naar	beneden	geworpen.	Haar	oren	hoorden	het	niet.
again	towards	down (the ground)	thrown	Her	ears	heard	it	not

Voor	haar	was	het,	of	het	immer	dezelfde	edelstenen
For	her	was	it	as if	it	always	the same	gems

waren,	waarmee	zij	het	kunstwerk	bouwde,	tot	ze	een
were	with which	she	the	work of art	built	until	she	one

dag	bemerkte,	dat	de	stapel	verminderde.
day	noted	the	the	pile	grew smaller

"Nu	is	de	vrijheid	nabij,"	zo	ongeveer	dacht	ze,	en
Now	is	(the)	freedom	close	so	about	thought	she	and

haar	hart	klopte	sneller.	Het	was	goed,	dat	zij	zichzelf
her	heart	beat	faster	It	was	well	that	she	herself

niet	kon	zien:	ze	was	een	stokoude	vrouw	geworden,
not	could	see	She	was (had)	an	ancient	woman	become

mager	en	gerimpeld.
meager (thin)	and	wrinkled

Het grijze haar wapperde om haar voorhoofd, diep lagen
The gray hair fluttered around her forehead deep laid

haar ogen in de kassen.
her eyes in the sockets

De grot was klaar, en de deuren werden geopend.
The cave was ready and the doors were opened

Ze liep naar buiten, en ze zag het zonlicht. Er
She walked to the outside and she saw the sunlight There

speelden kinderen op de heide. Een kleine bok was
played children on the heath A small goat was

aan een touw gebonden, en trachtte iedereen die in de
by a rope bound and tried all that in the

buurt kwam met de horens te stoten. Was ze ooit
vicinity came with the horns to knock Was she ever
(Had)

weggeweest? En toch... geen van de kinderen kende ze.
been away And however no one of the kids recognized she

Ze keek naar haar werk terug.
She looked at her work back

107 De Schelpengrot

Ach! ze kon niet vermoeden, dat het meer dan zestig
Ah she could not suspect that it more then sixty

jaar had geduurd. De schelpengrot van Nienoort was een
years had last The shellcave of Nienoort was a

wonder, die haar jeugd had weggevreten.
miracle that her youth had devoured

Ze was vrij, vrij! Oh! Het alomtegenwoordige,
She was free free Oh The omnipresent

duizelingwekkende, verblindende, verdovende, zegenrijke
dizzying blinding deafening victorious

zonlicht. De hele wereld stroomde over van geuren, er
sunlight The whole world poured over of smells there

was geen groter geluk dan te mogen leven! Nu wilde
was no larger fortune than to may live Now wanted

ze naar de man gaan, die ze liefhad. Het was
she to the man go that she loved It was

vreemd, dat ze de weg niet weer kende. Alle huizen
strange that she the road not recognized All houses

schenen veranderd te zijn; de paadjes gingen niet hun
seemed changed to be the byways went not their

gewone lijn.
normal line
(way)

Wat was er toch allemaal gebeurd in de enkele jaren,
What / was (had) / (there) / still / all / / happened / in / the / few / years

dat ze had gewerkt, overpeinsde ze. Een jonge vrouw
that / she / had / worked / pondered / she / A / young / woman

trad · haar tegemoet, en het leek haar, of ze haar
stepped up / her / to meet / and / it / seemed / her / as if / she / her

kende. Was het niet het meisje, met wie ze in haar
knew / Was / it / not / the / girl / with / whom / she / in / her

jeugd had gespeeld? Ze begon te lachen. Wat was het
youth / had / played / They / started / to / laugh / What / was (had) / it

groot geworden. Zou het zich nog herinneren, dat het
big / become / Would / it / herself / even / remember / that / it

haar eens had opgesloten? Ze noemde het bij de
her / once / had / locked up / She / called / it / by / the

naam. De jonge vrouw stond stil.
name / The / young / woman / stood / still

"Dat ben ik niet, al ken ik haar heel goed, die u
That / am / I / not / although / know / I / her / very / good / the one / you

noemt."
call

"Wie ben je dan?"
Who / are / you / then

"Ik   ben   haar   kleindochter..."
I   am   her   granddaughter

"Ben   je   haar   kleindochter?"
Are   you   her   granddaughter

Toen   ging   de   oude   vrouw   naar   het   meer,   en   ze
Then   went   the   old   woman   to   the   lake   and   she

spiegelde   haar   gezicht   in   het   water.
mirrored   her   face   in   the   water

Ze   sloeg   haar   handen   tegen   haar   voorhoofd.   Het   leven
She   struck   her   hands   to   her   forehead   The   life

was   haar   voorbij   gegaan,   en   ze   had   er   niets   meer
was   her   past   moved   and   she   had   there   nothing   more
(had)   (it)

van   te   verwachten.   Ze   ging   terug   naar   de   grot.   Haar
from   to   await   She   went   back   to   the   cave   Her

werk   was   gereed,   en   het   schitterde   haar   tegemoet,
work   was   ready   and   it   shone   her   towards

angstwekkend   als   diamanten.
frightening   like   diamonds

111   De Schelpengrot

Op de drempel van de grot viel ze neer, en in de
On the threshold of the cave fell she down, and in the

nacht sloop de dood binnen in haar hart. Zonder een
night sneaked (the) death into her heart. Without one

klacht is ze gestorven. De wachters vonden haar de
complaint is she died. The guards found her the

volgende morgen, en haastig werd ze begraven.
next morning, and hastily was she buried.

DE WITTE WIEVEN VAN LOCHEM
THE WHITE WIEVEN (HAGS) OF LOCHEM

In de diepte van een kuil, in de buurt van Lochem,
In the depth of a pit in the vicinity of Lochem

op de Lochemse Berg, waren eens drie witte wieven,
on the Lochem mountain were once three white hags

die alledrie zo lelijk waren dat ze zussen leken, met
that all three so ugly were that they sisters seemed with

ontvleesde armen, en lange, grijze, dunne haren.
emaciated arms and long grey thin hairs

De ogen lagen diep in de kassen, en de tanden
The eyes laid deeply in the sockets and the teeth

staken wit uit als bij een geraamte.
stuck white out as with a carcass
(stood)

De oudste was de meesteres van alle witte wieven in
The oldest was the master of all white hags in

de omtrek, tot de Veluwe aan toe.
the area up unto the Veluwe

Overdag lagen zij onder in de kuil, één met het zand.
During the day laid they under in the den one with the sand

Pas tegen de avond stegen zij omhoog naar de
Only towards the evening rose they up to the

oppervlakte. Waren het nevelen of wolken? Soms bleven
surface Were it fog or clouds Sometimes remained
        (Was)

zij op aarde, en renden dan over heide en weide,
they on ground and ran then over heath and meadow

dan wel kon men ze zien tussen de schaduwen van
or could one them see between the shadows of

de bomen aan de rand van het bos, de scherpe
the trees on the edge of the forest the sharp

nagels dreigend vooruit, de mond wijd geopend. Bij storm
nails threatening forwards the mouth wide opened With storm

klonken hun kreten gillend door de lucht, gedragen door
sounded their cries screaming through the air carrier by

de wind.
the wind

Herbert en zijn zuster Aleid waren niet bang voor de
Herbert and his sister Aleid were not frightened of the

witte wieven.
white hags

115   De Witte Wieven

Als	kinderen	liepen	ze	vaak	in	de	avond	langs	de	kuil,
As	children	walked	they	frequently	in	the	evening	along	the	den

om	nog	een	boodschap	voor	moeder	te	doen,	en	als
for	still	an	assignment	for	mother	to	do	and	as

ze	dan	voorbij	de	Lochemse	Berg	kwamen,	en	in	de
they	than	past	the	Lochem	mountain	came	and	in	the

verte	de	nevelen	zagen	rijzen	en	dalen,	wezen	ze	er
distance	the	fogs	saw	rise	and	lower	pointed	they	there

zonder	angst	naar.
without	fear	at

Want	hoe	graag	de	witte	wieven	ook	jonge	mannen
Because	however	gladly	the	white	hags	also	young	men

roven,	zij	wisten,	dat	geen	van	hen	hun	kwaad	wilde
rob	they	knew	that	none	of	them	them	evil	wanted

doen.
to do

Soms	zelfs	daalden	zij	af	in	de	kuil,	en	plukten	er
Sometimes	even	climbed	they	down	in	the	hole	and	picked	there

bloemen.
flowers

Dan gleed meermalen de oudste van de witte wieven
Then slid several times the oldest of the white hags

spiedend langs hen heen, de klauwen uitgestrekt als een
spying along them by the clutches extended as a

kat, die aangevallen wordt, maar als ze dan samen
cat that attacked becomes yet when they then together

lachten, vloog de witte wieve weer verder. Ze zagen
laughed flew the white hag again on They saw

haar nevel in een oogwenk verdwijnen, en, als ze
her fog in a flash of an eye disappear and as they

huiswaarts gingen, joeg de witte wieve krijsend aan de
homeward went chased the white hag shrieking on the

horizon, sneller dan een paard. Daarom hadden Herbert
horizon more rapidly than a horse For this reason had Herbert

en zijn zuster Aleid geen angst voor de witte wieven,
and his sister Aleid no fear for the white hags

al waarschuwde hun buurmeisje Johanna, de dochter van
although warned their neighbor girl Johanna the daughter of

de Heer van Lochem, hen voor hun overmoed.
the Lord of Lochem them for their overconfidence

"Ga die kuil toch niet in," zei ze waarschuwend en
Go that hole yet not in said she warning and
(please)

bezorgd, "Herbert... want van de witte wieven is nooit
concerned Herbert because of the white hags is never
(has)

iets goeds gekomen."
anything good come

Hij lachte. "Wie weet... misschien krijg ik ooit nog wel
He laughed Who knows maybe get I ever still well
(sometime) (possibly)

eens goud van ze."
once gold of them
(one day)

"Alsjeblieft Herbert, ga nooit weer in de kuil. Ze zijn
Please Herbert go never again in the hole They are

slecht, de witte wieven."
evil the white hags

Hierna volgde hij haar raad op. Wanneer hij als het
Hereafter followed he her advice onto when he as the

donker was de kuil voorbij kwam, liep hij naar zijn
dark was the hole along came ran he to his

huis door, want Johanna's stem klonk hem in de oren.
house on because voice sounded him in the ears

Liefde voor Johanna kwam nog niet in zijn gedachten
Love for Johanna came still not in his thoughts

op. Zijn ouders, de baron en barones van Beukestein,
up His parents the baron and baroness of Beukestein

en haar ouders, de Heer en Vrouwe van Lochem,
and her parents the Lord and Lady of Lochem

echter vertelden elkaar glimlachend, dat Herbert en
however told eachother smiling that Herbert and

Johanna wel eens een paar zouden kunnen worden. De
Johanna well once a couple would be able to become The
(possibly) (one day)

Heer Scholte van Lochem lachte, terwijl hij met zijn
lord Scholte of Lochem laughed as he with his

vuist op tafel sloeg:
fist on table beat

"Als dat eens uit komt, dat ze man en vrouw worden,
If that once out comes that they man and wife become
(one day) (true)

in Lochem zouden er geen twee gevonden worden met
in Lochem would there no two found will be with

meer rijkdom en geluk!"
more wealth and happiness

En zijn vrouw Christine lachte bleekjes.
And his wife Christine smiled a little pale

"Maar", riep eens de Heer van Lochem uit, "ze moeten
But called once the lord of Lochem out they must

niet gedwongen worden. Al wil mijn dochter Johanna
not forced become Even if wants my daughter Johanna

trouwen met een keuterboer, mijn gezegde is: je mag
to marry with a peasant my saying is you can

twee jongelui niet uit elkaar halen."
two youngsters not from eachother take

Toen lachte Vrouwe Christine niet meer. Ze dacht bij
Then laughed Lady Christine not anymore She thought by

zichzelf:
herself

"Het is goed, dat Herbert en Johanna bij elkaar zijn,
It is well that Herbert and Johanna with eachother are

want mijn dochter zal niet met een arme jongen
because my daughter shall not with a poor boy

trouwen, daar zal ik voor zorgen."
marry there shall I of take care

Ze sprak haar gedachten niet uit, en keek met een
She spoke her thoughts not out and looked at with an
(aloud)

zuinige blik, haar lippen stijf op elkaar.
sparse look her lips stiffly on eachother
(pressed)

"De liefde, zeg ik maar, gaat voor alles," ging de rijke
The love say I but goes for everything went the rich

Heer Scholte voort, "als er geen liefde is, kun je met
Lord Scholte on as there no love is can you with

al dat geld toch niets goeds beginnen. Herbert en
all that money however nothing good start Herbert and

Johanna zullen een paar worden, al zou hij geen geld
Johanna shall a couple become even would he no money

hebben."
have

Een paar jaar later kon hij zijn woorden waarmaken,
A few years later could he his words prove

want Herbert's ouders wonnen een proces, maar ze
because parents won a court battle but they

verloren er hun kapitaal mee.
lost there their capital with

121 De Witte Wieven

De gedachten van moeder Christine waren vanaf toen
The thoughts of mother Christine were from then

vol zorg over de toekomst van haar dochter. Was zij
full worry concerning the future of her daughter Was she

niet de vrouw van de Heer van Lochem, en moest
not the wife of the Lord of Lochem and had

Johanna dan trouwen met zo'n armoedzaaier, die alleen
Johanna then to marry with such a bum who only

met zijn handen zijn brood kon verdienen? Ze ging voor
with his hands his bread could earn She went in front of

de haard zitten, en dacht na. De vlammen speelden
the hearth sit and thought The flames played

hoog op en gloeiden langs de ketel, de vonken vlogen
high upwards and glowed along the kettle the sparks flew

van het droge hout, dat zichzelf telkens wentelde.
from the dry wood that itself each time turned

Moeder Christine hield haar handen uitgestrekt, zodat de
Mother Christine kept her hands stretched out so that the

warmte van het vuur over haar vingertoppen streek.
warmth of the fire over her fingertops stroked

Ze zei altijd, dat ze zo het beste kon denken.
She said always that she this way the best could think

Wat haar inviel, was niet gelukkig voor Herbert en
What her entered was not happy for Herbert and

Johanna. Want terwijl ze zich vooroverboog, om voor een
Johanna Because while she herself bent forward to for a

stuk hout grotere doorgang te maken dan het tot
piece wood larger passage to make then it up to

dusver had, ontdekte zij, dat ze een andere vrijer voor
thusfar had discovered she that she an other bachelor for

Johanna wist dan Herbert... : Albrecht! Albrecht had alles,
Johanna knew than Herbert Albrecht Albrecht had everything

wat je van een huwelijkskandidaat mag verwachten, zo
what you of a marriage candidate can expect so

meende ze; hij was een kloekgebouwd man, en hij was
meant she he was a robustly build man and he was

rijker dan wie ook in de Achterhoek.
richer then whomever in the Achterhoek

Hoe zou ze de beiden bij elkaar kunnen brengen,
How would she them both to eachother be able to bring

zonder dat Johanna het sluwe plan doorzag?
without that Johanna the sly plan saw through

Geen beter koppelaar dan het toeval!
No better matchmaker than (the) chance

Eens op een dag ontmoette moeder Christine Albrecht,
Once on a day met mother Christine Albrecht

terwijl ze er eigenlijk het minst op verdacht was. Ze
while she there in fact the least at suspected was. She
(of it) (suspecting)

hield hem aan, dadelijk tot een gesprek gereed.
held him by immediately for a conversation ready
(her)

"Wel Albrecht," zo sprak ze, "wat zie ik je tegenwoordig
Well Albrecht so spoke she what (do) see I you nowadays

weinig."
little

"We lopen elkaar uit de weg, Vrouwe Christine," lachte
We walk eachother out of the way of Lady Christine laughed
(avoid)

de jonge man.
the young man

"Zo lijkt het wel! Je zou eens een avond bij ons
This way seems it indeed You should once an evening to us

moeten komen, dan kun je met mijn man over politiek
must come then can you with my husband about politics

praten."
talk

Je kan begrijpen dat haar dochter thuis was, toen er
You can understand that her daughter at home was when there

over politiek zou worden gesproken. En ja hoor, moeder
about politics should become spoken And yes hear (indeed) mother

Christine speelde haar beste kaarten uit: want Johanna
Christine played her best cards out because Johanna

zag er die avond fris en mooi uit, en haar blonde
looked there that evening fresh and beautiful (out) and her blond

krullen zaten er vrolijk bij, alsof de wind ermee
curls sat (hung) there lively (by) as if the wind with them

gespeeld had. Haar ogen schitterden en ze had een
played had Her eyes shone and she had a

blije uitdrukking op haar gezicht, die haar nog mooier
happy expression on her face that her still more beautiful

maakte.
made

Moeder — Mother
Christine — Christine
kon — could
niet — not
vermoeden, — suspect
dat — that
ze — she
er — (there)
zo — so

gelukkig — happy
uitzag — looked
omdat — because
ze — she
even — just
ervoor — before
met — with
Herbert — Herbert
was — was (had)

geweest — been
en — and
dat — that
ze — she
langs — past
Albrecht — Albrecht
heen — through
keek — looked
alsof — as if
hij — he

onzichtbaar — invisible
was. — was
Moeder — Mother
Christine, — Christine
hoe — however
slim — smart
ook, — also (even)
wist — knew

niet, — not
dat — that
er — there
reden — (a) reason
voor — for
was, — was
waarom — why
Johanna — Johanna
even — just

daarvoor — before that
op — on
de — the
drempel — threshold
had — had
gestaan, — stood
de — the
handen — hands
boven — above

haar — her
ogen. — eyes
Het — It
was — was
niet — not
om — for
Albrecht — Albrecht
te — to
zien — see
aankomen — arrive

tegen — against
de — the
stralen — rays
van — of
de — the
avondzon, — evening sun
het — it
was — was
om — for
Herbert — Herbert

beter — better
te — to
kunnen — be able
zien — to see
weglopen — walk away
onder — under
de — the
bomen — trees
door. — through (past)

Moeders, — Mothers
die — who
willen — want
koppelen, — to couple (match)
zijn — are
sluw — sly
maar — but
blind — blind

tegelijkertijd. — at the same time

Ze / She   kon / could   er / there   ook / also   niets / nothing   aan / about   doen, / do   dat / that   er / there   weinig / little   over / about

politiek / politics   werd / became (was)   gesproken, / spoken   die / that   avond. / evening   Want / Because   er / there   was / was   met / with

Herbert / Herbert   iets / something   vreemds / strange   gebeurd, / happened   en / and   de / the   Heer / lord   van / of   Lochem / Lochem

wist / knew   er / there   van / of   en / and   zou / would   het / it   gaan / go   vertellen. / tell   Herbert's / naam / name

werd / became   meer / more   genoemd / mentioned   dan / than   het / it   zijn / his   vrouw / wife   lief / dear   was, / was   en / and

haar / her   dochter / daughter   zat / sat   ademloos / breathlessly   te / to   luisteren, / listen   alsof / as if   ze / she   muziek / music

hoorde. / heard

Het / It   was / was   nu / now   pas / just   bekend / known   geworden, / become   al / although   was / was   het / it   een / a

paar / couple   maanden / months   eerder / before   gebeurd. / happened   Herbert / Herbert   hing / hung [didn't   zijn / his brag   avonturen / adventures about his

niet / not adventures   aan / from   de / the   grote / big   klok. / bell]

Op een zomeravond kwam Herbert te paard van de
On a summer evening came Herbert on horse from the

hoefsmid. Hij reed op de smalle weg een vijver voorbij.
blacksmith He drove on the narrow road pond past

Plotseling vloog een watervogel met luid geschreeuw op.
Suddenly flew a water bird with loud screeching upwards

Het paard schrok en sloeg op hol, al dravend recht naar
The horse scared and panicked all straight towards

de Witte wievenkuil...
the White Hags' den

"Nee!" wilde Johanna roepen, maar op hetzelfde ogenblik
No wanted Johanna call out but on the same moment

bedacht ze, dat ze Herbert toch deze avond gezond en
considered she that she Herbert nevertheless this evening healthy and

wel had gezien, en ze slaakte een zucht van
well had seen and she let out a sigh of

verlichting. Heer Scholte was even met zijn verhaal
relief Lord Scholte was just with his tale

opgehouden.
stopped

Vervolgens	ging	hij	door,	zijn	stem	bedachtzaam,	heel
Then	went	he	on	his	voice	cautious	very

langzaam	sprekend,	en	hij	zag	Albrecht	daarbij	aan.
slow	speaking	and	he	looked	Albrecht	thereby (at the same time)	at

"Herbert	was	zeker	in	de	kuil	gevallen,	als	niet	een
Herbert	was	surely	in	the	hole	fallen	as	not	an

oude	vriendin	hem	te	hulp	was	gekomen,	de	oudste
old	friend	him	to	aid	was (had)	come	the	oldest

van	de	witte	wieven.	Zij	sprong	op,	haar	klauwen
of	the	white	hags	She	jumped	up	her	clutches

grepen	het	dier	in	de	manen	en	haar	knieën	stootten
seized	the	animal	in	the	manes	and	her	knees	pushed

het	in	de	flank.	Het	paard	trilde	nog	even.	Herbert
it	in	the	flank	The	horse	trembled	still	a while	Herbert

klopte	het	tegen	de	nek,	streelde	het,	en	voorzichtig
patted	it	against	the	neck	caressed	it	and	carefully

keerde	hij	het	om,	vlak	aan	de	rand	van	de	kuil.
turned	he	it	around	just	at	the	edge	of	the	hole

Stapvoets	reed	het	paard	weer	naar	huis."
At footpace	drove	the	horse	again	towards	home

Dit alles vond de oude Heer een mooi avontuur van
This all found the old Lord a nice adventure of
(thought)

de jonge man. Maar hij was niet voor niets soldaat
the young man. But he was not for nothing soldier
(had)

geweest: hij bewonderde Herbert om zijn moed. Johanna
been he admired Herbert for his courage Johanna

schoof iets naderbij, om beter te kunnen horen. Albrecht
slid a bit closer to better to be able to hear Albrecht

had zijn mond wijd open van verbazing. Moeder Christine
had his mouth wide open of stupefaction Mother Christine

schoof onrustig op haar stoel.
moved restlessly on her chair

Ja, wat had die duivelse jongen gedaan?
Yes, what had that devilish boy done

Op het ogenblik, dat hij gevaar liep verpletterd te
On the moment that he danger ran crushed to

worden, had Herbert in de kuil alles gezien, wat de
become had Herbert in the hole everything seen what the

witte wieven er deden.
white hags there did

Ze   zaten   voor   een   vuurtje,   en   daarboven   stak   een
They sat   before a   fire   and   above   stuck   a

groene   boomtak   uit   waaraan   een   vogel   hing,   netjes
green   tree branch out   onto which   a   bird   hung   neatly

geplukt,   of   het   door   gewone   mensen   was   gedaan.   Ze
picked   as if   it   by   ordinary   people   was   done   They
                                                     (had been)

braadden   het   vlees,   de   witte   wieven.   Het   was   maar
roasted   the   flesh   the   white   hags   It   was   but

goed   ook,   dat   Herbert   zijn   ogen   de   kost   had   gegeven.
well   also   that   Herbert   his   eyes   the   food   had   given
                                                    (free range)

Want   daardoor   had   hij   later   zijn   dankbaarheid   kunnen
Because   as a result   had   he   later   his   gratitude   be able

bewijzen.
to prove

Hij   was   thuis   gekomen,   en   had   alleen   zijn   zuster   Aleid,
He   was   at home   come   and   had   just   his   sister   Aleid
      (had)

met   wie   hij   vroeger   zo   dikwijls   in   de   kuil   was
with   who   he   in former days   so   often   in   the   hole   was
                                                                         (had)

afgedaald,   onder   vier   ogen   alles   verteld.
descended   under   four   eyes   everything   told

Hij had haar gevraagd, of ze voor de witte wieven
He had her asked if she for the white hags

een Driekoningenkoek wilde bakken, met een bruine korst
a Threekingscake wanted to bake with a brown crust

en zoet van binnen, en die wilde hij voor
and sweet of (the) inside and that wanted he before

zonsondergang brengen. Aleid had geglimlacht. Was dat
sun down bring Aleid had smiled Was that

alles? Ze wilde nog wel meer voor hem doen. En
everything She wanted even well more for him do And

toen hij haar had gevraagd, of ze alles netjes voor
when he her had asked if she everything neat for

hem wilde klaarmaken, had ze hem aangekeken en
him wanted to prepare had she him looked at and

gezegd: "Natuurlijk wil ik dat doen, maar onder één
said Of course want I that do but under one

voorwaarde."
condition

"En die is?", vroeg Herbert.
And that is asked Herbert

"Dat ik mee mag gaan naar de Wittewievenkuil." , zei
That I along can go to the White hags den said

Aleid moedig.
Aleid bravely

"Aleid," riep hij bezorgd, "dat niet."
Aleid called he worried that not

"Zouden de witte wieven je kwaad doen?" had ze
Should the white hags you evil do had she

gevraagd. "Dan wil ik het gevaar met je delen. Vroeger
asked Then want I the danger with you share In former days

hebben wij er bloemen geplukt, Herbert, tot Johanna je
have we there flowers picked Herbert to Johanna you

vroeg niet meer te gaan. Dacht je, dat ik nu bang
asked not anymore to go Thought you that I now frightened
(did think)

geworden was?"
become was
(had)

Na een paar dagen van discussiëren of ze mee zou
After a few days of discussing whether she along should

gaan had Aleid overwonnen.
go had Aleid won

Ze bakte de geurige Driekoningenkoek, en deed ze in
She baked the fragrant Threekingscake and did her in (it)

een aardewerken schotel. Ze versierden het gebak met
a earthenware dish She decorated the pastry with

klimop, zodat het leek, of ze haar gift aanbood in een
ivy so that it seemed as if she her gift offered in a

krans van groene bladeren. Ze wilde de koek dragen
aureole of green leaves She wanted the cake bear

tot aan de groeve: Herbert bracht ze naar beneden.
up to the quarry Herbert brought her down (it)

Wel klopte haar hart van angst, toen ze zag dat
Nevertheless beat her heart of fear when she saw that

dichtbij vanonder een struik een groot hoofd tevoorschijn
close from under a shrub a large head visible

kwam, en een groen oog haar aanstaarde, maar ze
became and a green eye her stared at but she

hield zich moedig. Nadat Herbert weer boven gekomen
held herself brave After Herbert again above come

was liepen ze samen naar huis toe, diep onder de indruk.
was ran they together home deeply impressed
(had)

De volgende dag was Herbert naar de kuil gegaan. In
The next day was Herbert to the hole gone In
(had)

de diepte had hij de lege aardewerken schotel gezien.
the depth had he the empty earthenware dish seen

De klimopbladeren lagen ernaast.
The ivy leaves laid next to it

Toen zweeg Heer Scholte. Hij knikte even zijn dochter
Then kept silent Lord Scholte He nodded just his daughter

Johanna toe, en wendde zich vervolgens naar Albrecht.
Johanna towards and turned himself subsequently to Albrecht

Met zijn blik leek hij te willen zeggen, "kijk eens hoe
With his look seemed he to want to say look just how

moedig Herbert is, en waarom hij mijn dochter verdiend."
brave Herbert is and for what he my daughter deserves

Na zijn verhaal kwam het gesprek tussen moeder
After his tale came the conversation between mother

Christine, Johanna en Albrecht een beetje langzaam op
Christine Johanna and Albrecht a bit slow on

gang.
pace

Ze hadden allemaal één naam in hun hoofd, hoe
They had all one name in their head how

verschillend ze er ook over dachten, dat hun de lust
different they there also about thought that (to) them the want

tot praten verging: Herbert.
to talk was lost Herbert

Moeder Christine dacht het met woede. Haar man, de
Mother Christine thought it with anger Her husband the

Heer van Lochem, had de vertelling al eerder gehoord,
Lord of Lochem had the story already before heard

maar hij had op een goede gelegenheid gewacht, om
but he had on a good occasion waited to
(for)

het aan iedereen te vertellen. Hij had zo laten zien,
it to everyone to tell He had this way shown

dat hij een oud soldaat was, die zijn wapens op het
that he an old soldier was that his weapons on the

juiste moment gebruikt, niet te vroeg en niet te laat.
correct moment uses not too early and not too late

Ze moest het zichzelf eerlijk toegeven, dat hij de
She had to it herself honestly admit that he the

sterkste geweest was. Ze zou later wel eens kijken,
strongest been was She would later well just see
(had)

besloot ze stil. Het spel was nog niet voor hem
decided she quietly The game was still not for him

gewonnen.
won

Voor Johanna had de naam "Herbert" een zoete klank.
For Johanna had the name Herbert a sweet sound

Ze had hem net nog gezien. Met een krachtige tred
She had him just yet seen With an powerful step

liep hij over het landgoed weg. Hij had haar bij
walked he over the domain grounds away He had her at

afscheid met een glimlach vol vertrouwen gegroet. Wie
farewell with a smile full trust greeted Who

was tegen hem bestand? Er bestonden geen gevaren
was against him resistant There existed no dangers

voor hem. Hij had het zelfs gedurfd in de Wittewieven
for him He had it even dared into the White hags

kuil af te dalen, en waarom?
hole down to descend and for what

Om zijn dankbaarheid te bewijzen. Hij was goed en
For his gratitude to show He was good and

moedig. Welk meisje verlangde er niet naar, door hem
brave Which girl longed it not for by him

te worden beschermd?
to become protected

Albrecht zat naast haar, en het woord "Herbert" was in
Albrecht sat beside her, and the word Herbert was in

zijn bewustzijn als een vloek, terwijl hij het mooie, jonge
his conscience like a curse whereas he the beautiful young

meisje aankeek. Hij haatte de dapperheid. Het leek hem,
girl looked at He hated the bravery It seemed him

of Heer Scholte hem minachtte, als hij Herbert prees.
as if Lord Scholte him despised as he Herbert praised

Was hij eigenlijk minder dan Herbert? Hij zelf kon met
Was he in fact less then Herbert He himself could with

zijn geld kopen, wat hij wilde. En wat was Herbert?
his money buy whatever he want And what was Herbert

Diep in hem brandde de wraaklust en de zekerheid, dat
Deep in him burned the desire for revenge and the certainty that

hij Herbert als zijn dagloner kon krijgen, en dat hij
he Herbert as his servant could get and that he

hem kon laten slaven. Herbert was een knecht, en hij
him could let slave Herbert was a farmhand and he
                (work hard)

de meester! Dat wilde hij Johanna duidelijk maken. Hij
the master That wanted he Johanna clear make He

balde zijn handen tot vuisten. Wanneer hij het verlangde,
clenched his hands to fists When he it desired

kon hij Johanna tot vrouw vragen, en Herbert kon hij
could he Johanna as wife ask and Herbert could he

laten zwoegen voor hem en haar. En als Herbert met
let toil for him and her And as Herbert with

Johanna zou trouwen, dan wist Albrecht een goede zet.
Johanna would marry then knew Albrecht a good move

Dan zou hij de man voor zich laten werken, en hij
Then would he the man for himself let work and he

zou hem het leven zuur maken.
would him the life sour make
                  (hard)

Zijn plannen stonden vast, toen hij afscheid nam. Maar
His plans stood fixed when he leave took But
(were) (decided)

hij liet niets merken. Zelfs Heer Scholte van Lochem
he let nothing notice Even Lord Scholte of Lochem

wist niet, wat hij in het schild voerde.
knew not what he in the shield carried
(had for secret plan)

De arme Heer Scholte! Diezelfde avond had hij van
The poor Lord Scholte That same evening had he of

Vrouwe Christine meer te verdragen dan daarvoor tijdens
Lady Christine more to endure than before that during

zijn hele huwelijk. Zo'n preek had hij nog nooit gehoord.
his whole marriage Such a sermon had he as yet never heard

De tong van de vrouw kende geen rust, ze ratelde
The tongue of the woman knew no rest she rattled

maar door, zonder dat hij er een woord tussen kon
just on without that he there a word between could

krijgen.
get

141 De Witte Wieven

Hij was als oud soldaat normaal niet voor een kleintje
He was as old soldier normally not for a little one
[not afraid quickly
]

vervaard, hij had tegen vele soorten van vijanden
afraid he had against a lot of types of enemies

gestreden, maar zulk een hels vuur was er nog nooit
fought but such an infernal fire was there as yet never

over hem uitgegoten. Of hij zich verbeeldde, dat zij,
over him poured Whether he himself imagined that she

Christine, haar toestemming tot het huwelijk zou geven
Christine her authorization to the marriage would give

van Herbert met haar dochter? Wist hij dan niet, wat
of Herbert with her daughter? Knew he then not what

Albrecht bezat, en wat hij zou erven? Wat
Albrecht posessed and what he would inherit? What

deed het ertoe, of iemand in de Wittewieven kuil daalde,
mattered it if someone in the White hags hole descended
(deed het ertoe; did it there to)

dat durfde Albrecht ook. Alsof het daarom gaat in het
that dared Albrecht also As if it about this goes in the

leven, alsof er niet nog heel wat meer kwam kijken!
life as if there not still a lot more came look

Wel twee uur ratelde ze zo door en door, en het
Well two hour rattled she this way on and on and it
(hours)

scheen Heer Scholte, of hij er zelf buiten adem van
seemed lord Scholte as if he there themselves outside breath of

raakte. Eindelijk lukte het hem, haar de mond te snoeren.
became At last succeeded it him her the mouth to shut

Was Albrecht even moedig als Herbert? Dat mag hij
Was Albrecht just as brave as Herbert That can he

dan bewijzen... Heer Scholte prees moed boven geld.
then prove Lord Scholte prized courage above money

Een man, die niet dapper was, zou zijn dochter niet
A man who not brave was would his daughter not

krijgen. Er loeren allerlei gevaren voor een meisje, dat
get There lurk all kinds of dangers for a little girl that
(wait)

niet beschermd wordt door een man. Een echtgenoot
not protected becomes by a man A spouse
(is)

met een sterk karakter en een sterke arm zouden haar
with a strong character and a strong arm would her

van pas komen, meer dan al het goud van de aarde.
of fit come more than all the gold of the world
() (fitting) (be)

Wanneer Albrecht durfde, wat Herbert durfde, zou hij
When Albrecht dared what Herbert dared would he

Johanna kunnen krijgen. Hij, als oud soldaat, wilde het
Johanna be able to get He as old soldier wanted it

niet anders... Hij zou zien, wie in deze hem de voet
not any other way He would see who in this him the foot

dwars zou zetten.
crossed would put

"Meen je, dat Albrecht niet naar de Wittewieven kuil
Think you that Albrecht not to the White Hags hole

durft gaan?" vroeg hem zijn vrouw.
dares to go asked him his wife

"Nee, dat durft hij niet."
No that dares he not

"Ik zou niet weten, wat daar voor dappers aan is." Ze
I would not know what there for kind of bravery about is She

klemde de lippen op elkaar, tot haar mond een streepje
pressed the lips onto each other to her mouth a narrow streak

was: er kon nog wel wat in, maar eruit kwam niets
was there could still possibly something in but out came nothing

meer.
anymore

Haar woorden hadden Heer Scholte op een gedachte
Her words had Lord Scholte on a (an) thought (idea)

gebracht.
brought

De volgende dag, toen hij met Johanna over het
The next day when he with Johanna over the

landgoed wandelde, vroeg hij haar ronduit:
domain (grounds) walked asked he her simply

"Van wie houd je meer, Herbert of Albrecht?"
Of who hold (dear) you more Herbert or Albrecht

Zij bloosde om de plotselinge vraag. Hoe kon haar
She flushed because of the sudden question How could her

vader zo dom zijn. Ze klemde haar armen stijf over
father so stupid be She clasped her arms stiffly across

elkaar, op alles voorbereid.
each other on (for) everything prepared

In   ieder   geval,   bij   smart   en   bij   vreugde,   waren   hier
In   any   case   with   sorrow   and   with   joy   were   here

tranen   te   verbergen.   Ze   kende   haar   vader   genoeg,   om
tears   to   hide   She   knew   her   father   enough   for

te   weten,   dat   hij   geen   kwaad   in   de   zin   had;   doch
to   know   that   he   nothing   bad   in   the   sense   had   however
                                                          (meaning)

tevens   had   ze   wel   gehoord,   dat   het   gesprek   tussen
also   had   she   well   heard   that   the   conversation   between

haar   vader   en   moeder   lang   had   geduurd,   de   vorige
her   father   and   mother   long   had   lasted   the   previous

avond,   en   dat   haar   vader's   bromstem   het   tegen   haar
evening   and   that   her   fathers   grumbling voice   it   against   her

moeder's fluitstem   had   afgelegd.   Wat   zou   er   geschieden?
shrill voice   had   laid off   What   would   there   occur
                            (lost)

Weer   klonk   Heer Scholtes   vraag,   en   ze   moest   nu   wel
Again   sounded   Scholtes   question   and   she   had to   now   well

eindelijk   een   antwoord   geven.
at last   an   answer   give

"Van   wie   houd   je   meer,   Herbert   of   Albrecht?"
(Of)   who   hold   you   more   Herbert   or   Albrecht
               (dear)

Angstig   zei   ze:
Anxiously   said   she

"Herbert,   vader."
Herbert   father

"Dat   dacht   ik   al,"   slaakte   hij   een   zucht   van   verlichting.
That   thought   I   already   let out   he   a   sigh   of   relief

Dat   was   een   goed   bericht!   Een   paar   kernachtige   vloeken
That   was   a   good   news   A   couple   concise   curses

werden   Albrecht's karakter   nog   nageknetterd.   Johanna   wreef
became   character   still   added to   Johanna   rubbed
               (thereafter)

de   tranen   van   geluk   uit   haar   ogen.   Ze   wist   nu,   dat
the   tears   of   happiness   from   her   eyes   She   knew   now   that

haar   vader   Herbert   goed   gezind   was   en   niet   zoals   haar
her   father   Herbert   well   disposed   was   and   not   like   her

moeder   wilde   dat   ze   met   Albrecht   trouwde.
mother   wanted   that   she   with   Albrecht   married

Johanna greep Heer Scholte bij de arm:
Johanna gripped Lord Scholte by the arm

"Vader, help mij!"
Father help me

"Dat zal ik, mijn kind." antwoordde hij rustig.
That shall I my child answered he quietly

Ze vertelde hem in de eenvoudige woorden van een
She told him in the simple words of a

jong meisje hoe veel ze Herbert liefhad.
young girl how much she Herbert loved

Toen sloeg de .oude Scholte zijn armen om haar heen,
Then hit the old Scholte his arms around her around
(threw)

en zij hadden beiden het gevoel, vader en dochter,
and they had both the feeling father and daugther

alsof zij kinderen waren die een geheim met zich
as if they children were who a secret with themselves

meedroegen.
carried along

Was het leven anders dan een licht spel? Geld had
geen macht, de wereld was als een bloemenweide.

Maar toch begrepen ze allebei, dat het maar een
droom was. Het leven was wreed, en moeder Christine
had ook nog wat in te brengen!

Heer Scholte van Lochem kwam met zijn plan voor de
dag.

Moeder Christine had gezegd, dat Albrecht even moedig
was als Herbert. Dat zou hij moeten bewijzen.

149 De Witte Wieven

Dit zou hij van de beide minnaars dus eisen: om
This would he of the both lovers therefore demand about

middernacht zouden zij alletwee naar de Wittenwieven kuil
midnight would they all two to the White Hag hole
(both)

rijden, Herbert vanaf de westkant, Albrecht vanuit het
drive Herbert from the West side Albrecht from the

zuiden. Als zij de groeve waren genaderd, moesten zij
south As they the pit were approached must they
(had)

allebei een haardspit in de kuil werpen, en wie dan,
both a hearth spit in the hole throw and who then

natuurlijk elk door een witte wieve achtervolgd, het eerst
of course each by a white hag pursued the first

op het landgoed van de Heer Scholte van Lochem zou
on the domain of the Lord Scholte of Lochem would

aankomen, werd Johanna's man.
arrive became Johanna's man
(be)

Nu kon moeder Christine laten zien, dat Albrecht even
Now could mother Christine let see that Albrecht just as

dapper was als Herbert.
brave was like Herbert

Zowel Herbert als Albrecht hoorden zijn besluit rustig
Both Herbert as Albrecht heard his decision quietly

aan. Ze begrepen wel, dat de Heer Scholte gelijk had,
to They understood indeed that the Lord Scholte truth had
(truthful) (was)

zeiden ze. Want in die dagen zwierf er veel kwaad
said they Because in those days roamed there much evil

gespuis over de weg, en het zou goed zijn, als
rabble on the road and it would good be as

Johanna niet de eerste de beste tot man had....
Johanna not the first the best as man had

Albrecht dacht bij zichzelf, dat het gemakkelijker zou
Albrecht thought by himself that it more easily would

gaan, dan hij zich had voorgesteld. Hij hoefde niet in
go then he himself had imagined He needed not in

de kuil af te dalen. Voor zijn geld kon hij een edel
the hole down to descend For his money could he a noble

paard kopen, en Herbert had maar een oude bles.
horse buy and Herbert had just an old (horse with a) blaze

Slechts éénmaal in zijn leven had hij zichzelf tot een
Just   once   in his   life   had he   himself   to   a

flinke daad   te dwingen, en   per slot   van rekening
brave   action to force   and at   (the) closing of   accounts

betekende deze   nog   niet zoveel.   Hij kocht   van een
meant   these still not   so much   He   bought of   a

koopman het allerbeste paard. Hij besloot stil   en   sluw
merchant the very best   horse   He   decided quietly and slyly

in zichzelf, om het haardspit   van   veraf   te slingeren, dan
by himself   to the hearth spit from far away at throw   then

wilde   hij wel   eens   zien, of   de   witte wieve hem zou
wanted he   well a time see   whether the white hag   him would

vangen, en   of   hij niet als eerste   op het landgoed van
catch   and whether he   not   as   (the) first on the domain   of

de   Heer van Lochem zou   aankomen.
the lord of   Lochem would arrive

Herbert dacht   niet zo ver vooruit.
Herbert thought not   so far ahead

Hij had maar een oude knol, en hij begreep wel, dat
He had just an old jade and he understood (very) well that

hij met alle macht had te rijden, om niet in de wieve's
he with all power had to drive to not in the

macht te vallen. Toch wilde hij voor Johanna alles
power to fall Nevertheless wanted he for Johanna everything

volbrengen, en rustig reed hij op de bepaalde avond
accomplish and quietly drove he on the stipulated evening

van de Westkant naar de kuil. In de verte hoorde hij
from the Westside to the hole In the distance heard he

hoefslagen. Dus Albrecht's paard naderde ook? Hij dreef
hoof sounds Therefore horse approached also He chased

de bles met geruststellende woorden verder, tot hij vlak
the blaze with reassuring words further until he just
(blazed horse)

voor de groeve stond. Albrecht was er nog niet. Met
before the pit stood Albrecht was there still not With

vermetele kracht wierp hij het spit naar beneden, en
audacious strength threw he the spit towards beneath and

riep met luide stem:
called with loud voice

"Wit, wit, wit, hier komt een ijzeren spit."
White white white here comes an iron spit

Woest ijlde Bles de berg af. Uit de kuil steeg de
Savagely hastened Bles the mountain down From the hole rose the
(Blaze)

witte wieve, haar klauwen uitgespreid, de mond wijd
white hag her clutches spread out the mouth wide

geopend en onmiddellijk was ze achter de ruiter. Een
opened and immediately was she behind the rider A

stormwind stak huilend op en sloeg het graan
storm wind put howling on and beat the grain
(opsteken; rise) (opsteken; rise)

naar beneden; de takken van de bomen kraakten.
down the branches of the trees creaked

De witte wieve was zo dicht bij Herbert, dat hij haar
The white hag was so close to Herbert that he her

adem kon voelen. Oh, als haar scherpe klauwen hem
breath was possible to feel Oh as her sharp claws him

grepen!
seized

Hij **zette** **het** **paard** **tot** **een** **snellere** **gallop** **aan.**
He put the horse to a faster gallop on
(aanzetten; incite) (aanzetten; incite)

"Hahaha," **gierde** **de** **witte** **wieve,** **"Herbert,** **je** **kunt** **me**
Hahaha shrieked the white hag Herbert you can me

niet **ontkomen.** **Voor** **het** **huis** **van** **de** **Heer** **Scholte** **van**
not escape For the home of the Lord Scholte of

Lochem **zullen** **mijn** **klauwen** **je** **hebben.** **Ik** **zal** **me**
Lochem shall my claws you have I shall myself

wreken, **zoals** **ik** **me** **nog** **nooit** **op** **een** **mensenziel**
revenge such as I myself as yet never on a man's soul

gewroken **heb.** **Sta** **maar** **stil** **met** **je** **paard,** **dat** **is** **te**
taken revenge have Stand just quietly with your horse that is too

oud **voor** **zo'n** **wedloop.** **Albrecht,** **die** **een** **vurig** **ros** **heeft**
old for such a race Albrecht that a passionate steed has

gekocht, **heeft** **het** **zelfs** **niet** **gedurfd** **met** **mij** **te**
bought has it even not dared with me to

wedijveren. **Halverwege** **is** **hij** **omgekeerd."**
compete Halfway is he turned back
(has)

Als	de	witte	wieve	geloofde,	dat	zij	hem	met	deze
As	the	white	hag	believed	that	she	him	with	these

woorden	zou	tegenhouden,	vergiste	zij	zich.	Nee,
words	would	stop	mistook	she	herself	No

integendeel...	Toen	Herbert	hoorde,	hoe	Albrecht	had
on the contrary	When	Herbert	heard	how	Albrecht	had

gefaald,	gaf	dat	hem	de	macht	van	de	overwinnaar.
failed	gave	that	him	the	power	of	the	victor

Was	zijn	paard	oud?	In	de	meester	was	moed,	in	het
(Although) Was	his	horse	old	In	the	master	was	courage	in	the

dier	angst.	Vooruit...
animal	fright	Ahead

Hij	voelde	al	even	haar	klauwen	langs	de	nek
He	felt	already	for a second	her	claws	along	the	neck

schrammend	toen	hij	het	landgoed	van	de	Heer	van
scratching	when	he	the	domain	of	the	Lord	of

Lochom	op	reed.	Terwijl	hij	onder	de	poort	doorreed
Lochom	on up	drove	While	he	under	the	gateway	kept on driving

suisde	een	hard	voorwerp	hem	na	en	de	witte	wieve
whizzed	a	solid	object	him	after	and	the	white	hag

jaagde	weer	met	de	snelheid	en	het	geluid	van	een
chased	again	with	the	speed	and	the	sound	of	a

huilende	wind	naar	de	kuil	terug.
howling	wind	to	the	hole	back

"Hoezee!" riep de Heer Scholte. Moeder Christine zei
Hoezee called the Lord Scholte Mother Christine said
(Yahoo)

niets, haar voorhoofd bestond alleen maar uit rimpels.
nothing her forehead existed only just from wrinkles

Johanna viel de dappere ruiter om de hals.
Johanna fell the bold horseman around the neck

"Over een paar dagen zal het bruiloft zijn," schreeuwde
In a couple days shall it (a) wedding be shouted

de gelukkige vader, "en ik zal een dansen en drinken,
the happy father and I shall dance and drink

zoals alleen een soldaat het kan."
such as only a soldier it can

"Heeft ze je niet geraakt?" vroeg Johanna bezorgd.
Has she you not touched asked Johanna concerned

"Een lichte schram, niet erg, en ze heeft nog wat naar
A light scratch not bad and she has still something to

me gegooid."
me thrown

"Naar je gegooid?" zei Heer Scholte. "Laat eens kijken."
To   you thrown   said Lord Scholte   Let once look
                                                    (one time)

Ze liepen terug naar de poort. Herbert lachte.
They ran   back   to the gateway Herbert laughed

"De witte wieve wil ook niets houden... Het lijkt wel de
The White Hag wants also nothing to keep It seems like the

aardewerken schotel, die wij haar gegeven hebben."
earthenware dish   that we her given   have

"Vreemd, dat die heel is gebleven," zei de Heer, en hij
Strange that it whole is remained said the Lord and he
             (intact) (has)

nam de schotel op, en hield ze in de hand. "Wat is
took the dish up and kept her in the hand What is
                           (it)

die zwaar."
it heavy

Johanna trok hem aan de mouw.
Johanna pulled him on the sleeve
                   (by)

"Kom... vader... laten we weer naar binnen gaan... het
Come   father   leave we again to (the) inside go   it

is koud buiten."
is cold outside

Met zijn allen liepen ze de binnenplaats over en het
With it's all walked they the courtyard over and the
     (them)

landhuis in. De lamp brandde. De Heer had de schotel
country house in The lamp burned The Lord had the dish

in zijn hand. Plotseling stootte hij een juichkreet uit.
in his hand. Suddenly emitted he a cheer of joy (out)

"Deze schotel... deze grote schotel... is van goud! Dat
This dish   this large dish   is (made) of gold That

is het huwelijksgeschenk van de witte wieve. Ze heeft
is the marriage present   of the White Hag She has

je eerst nog wat vrees willen aanjagen, maar dat was
you at first still some fear want to drive on but that was
                                   (to cause)

haar wraak! Jongen... Herbert...
her revenge Boy   Herbert

je   bent   nu   rijker   dan   ik,   de   Heer   van   Lochem...   en
you   are   now   richer   than   I   the   Lord   of   Lochem   and
                                             (me)

rijker   dan   Albrecht.   "
richer   then   Albrecht

Dit   zei   de   oude   man,   en   hierbij   keek   hij   lachend   zijn
This   said   the   old   man   and   hereby   looked   he   laughing   his

vrouw   aan.   Toen   glimlachte   ook   Vrouwe   Christine,   en   ze
woman   at   Then   smiled   also   Lady   Christine   and   she

spreidde   haar   armen   verwelkomend   uit.
spread   her   arms   welcoming   out
                                             (wide)

Maar   Johanna   leunde   al   tegen   de   schouder   van   haar
But   Johanna   rested   already   against   the   shoulder   of   her

jonge   man,   en   de   armen   van   haar   moeder   had   ze
young   man   and   the   arms   of   her   mother   had   she

niet   meer   nodig.
no   anymore   need
                  (for)

163 De Witte Wieven

The book you're now reading contains the paper or digital paper version of the powerful e-book application from Bermuda Word. Our software integrated e-books allow you to become fluent in Dutch reading and listening, fast and easy! Go to learn-to-read-foreign-languages.com, and get the App version of this e-book!

The standalone e-reader software contains the e-book text, includes audio and integrates **spaced repetition word practice** for **optimal language learning**. Choose your font type or size and read as you would with a regular e-reader. Stay immersed with **interlinear** or **immediate mouse-over pop-up translation** and click on difficult words to **add them to your wordlist**. The software knows which words are low frequency and need more practice.

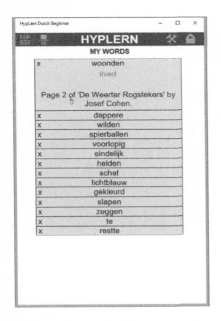

With the Bermuda Word e-book program you **memorize all words** fast and easy just by reading and listening and efficient practice!

LEARN-TO-READ-FOREIGN-LANGUAGES.COM

Made in the USA
Las Vegas, NV
27 August 2022

54175706R00100